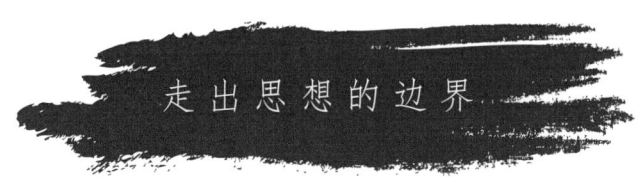

走出思想的边界

knowledge-power
读行者

著作财产权人：©三民书局股份有限公司
本著作中文简体字版由三民书局股份有限公司许可中南博集天卷文化传媒有限公司在中国大陆地区发行、散布与贩售。
未经著作财产权人书面许可，禁止对本著作之任何部分以电子、数位、影印、录音或任何其他方式复制、转载或散播。

钱穆 作品

中国历史精神

岳麓书社·长沙　博集天卷

目 录

钱穆作品精粹序 /001
序 /001

前 言 /001

第一讲　史学精神和史学方法 /004
第二讲　中国历史上的政治 /023
第三讲　中国历史上的经济 /041
第四讲　中国历史上的国防 /059
第五讲　中国历史上的教育 /081
第六讲　中国历史上的地理与人物 /099
第七讲　中国历史上的道德精神 /118
附录一　中国文化与中国人 /136
附录二　从东西历史看盛衰兴亡 /154

钱穆作品精粹序

钱穆先生身处中国近代的动荡时局,于西风东渐之际,毅然承担起宣扬中华文化的重任,冀望唤醒民族之灵魂。他以史为轴,广涉群经子学,开辟以史入经的崭新思路,其学术成就直接反映了中国近代学术史之变迁,展现出中华传统文化的辉煌与不朽,并撑起了中华学术与思想文化的一方天地,成就斐然。

三民书局与先生以书结缘,不遗余力地保存先生珍贵的学术思想,希冀能为传扬先生著作,以及承续传统文化略尽绵薄。

自一九六九年十一月迄于一九九一年十二月,二十多年间,三民书局总共出版了钱穆先生长达六十余年(一九二三至一九八九)之经典著作——三十九种四十册。兹序列书目及本局初版日期如下:

中国文化丛谈　　　　　　　　（一九六九年十一月）
中国史学名著　　　　　　　　（一九七三年二月）

文化与教育	（一九七六年二月）
中国学术思想史论丛（一）	（一九七六年六月）
国史新论	（一九七六年八月）
中国历代政治得失	（一九七六年八月）
中国历史精神	（一九七六年十二月）
中国学术思想史论丛（二）	（一九七七年二月）
世界局势与中国文化	（一九七七年五月）
中国学术思想史论丛（三）	（一九七七年七月）
中国学术思想史论丛（四）	（一九七八年一月）
黄帝	（一九七八年四月）
两汉经学今古文平议	（一九七八年七月）
中国学术思想史论丛（五）	（一九七八年七月）
中国学术思想史论丛（六）	（一九七八年十一月）
中国学术思想史论丛（七）	（一九七九年七月）
历史与文化论丛	（一九七九年八月）
中国学术思想史论丛（八）	（一九八〇年三月）
湖上闲思录	（一九八〇年九月）
人生十论	（一九八二年七月）
古史地理论丛	（一九八二年七月）
八十忆双亲·师友杂忆（合刊）	（一九八三年一月）
宋代理学三书随札	（一九八三年十月）
中国文学论丛	（一九八三年十月）
现代中国学术论衡	（一九八四年十二月）
秦汉史	（一九八五年一月）
中华文化十二讲	（一九八五年十一月）
庄子纂笺	（一九八五年十一月）

朱子学提纲	（一九八六年一月）
先秦诸子系年	（一九八六年二月）
孔子传	（一九八七年七月）
晚学盲言（上）（下）	（一九八七年八月）
中国历史研究法	（一九八八年一月）
论语新解	（一九八八年四月）
中国史学发微	（一九八九年三月）
新亚遗铎	（一九八九年九月）
民族与文化	（一九八九年十二月）
中国思想通俗讲话	（一九九〇年一月）
庄老通辨	（一九九一年十二月）

二〇二二年，三民书局将先生上述作品全数改版完成，搭配极具整体感，质朴素雅、简洁大方的书封设计，期能以全新面貌，带领读者认识国学大家的学术风范、思想精髓。

谨以此篇略记出版钱穆先生作品缘由与梗概，是为序。

三民书局

东大图书

谨识

序

本稿系一九五一年春在台北应"国防部"高级军官组之特约讲演，前后共分七次，每次两小时，由台北广播电台台长姚君善辉当场派员录音，事后由杨君恺龄就录音片整理，并得姚君善烔之襄助，获成初稿。再由讲演人略事修润，大体保留讲演之原面目。本稿旨求通俗，略陈大义，于历史事实，未能多所援据。拙著有与本稿所讲可互相阐证者，计有下列之诸种。

《国史大纲》　　　　　（上下册）
《国史新论》　　　　　（一册）
《中国文化史导论》　　（一册）
《文化学大义》　　　　（一册）
《中国思想史》　　　　（一册）
《政学私言》　　　　　（一册）
《中国历代政治得失》　（一册）

倘蒙阅者就上列各书参合读之，当更明了本讲演之精神及其理论根据。

一九五一年十月十日钱穆志于香港九龙之新亚书院

前言

诸位先生：

今天本人感觉非常荣幸，非常高兴，诸位在自己职务很忙的中间，抽暇来听我讲中国历史。本人年轻时，是一个失学的孤儿，未能从先生好好进学校。记得在四十四五年前，我尚为一小孩子，那时便常听人说中国快要灭亡了，快要瓜分了，我们中国就要做印度、波兰之续，被西方列强灭亡瓜分。当时听到这种话，就感觉到这是我们当前最大的问题，究竟我们国家还有没有前途呢？我们的民族，究竟还有没有将来呢？我常想这个问题若得不到解决，其他问题不值得我们再考虑了。

恰巧在那时，我读到了一篇文章：梁任公先生的《中国不亡论》。他认为中国是绝不会亡国的。我读了这篇文章，无异如在黑暗中见到了一线光明，刺激我、鼓励我：中国还有前途，民族还有将来，我们中国人的人生还有其意义和价值。但我在那时一般的悲观空气弥漫局面之下，还不能真切相信梁先生的话。我还是怀疑，中国究竟能不能不为波兰、印度之续，而不被灭亡和瓜分呢？当时，我只希望梁先生的话可信，但还不敢真信梁先生的话。因为要希望能证明梁先生这句"中国不亡"的话，才使我注意到中国的历史。我总想知道一些已往的中国，我常想，我们要知道明天将来的事，总该先知道一些昨天过去的事。

这样经过了四十多年，直到今天，这一问题，始终盘旋在我心中，到今回想，这四十多年的中国，也实在依然是黑暗混乱，内忧外患，使人悲观。但对梁先生"中国不亡"这四个字，开始在我只是一希望，随后却变成了信仰。我认为中国不仅不会亡，甚至我坚信我们的民族，还有其更伟大光明的前途。证据何在呢？我敢说，我这一个判断，固然是挟着爱国家、爱民族的情感的成分，然而并不是纯情感的，乃是经过我长期理智的检讨，而确实有其客观的证据的。这证据便是中国已往的历史。所以我自己常说，我此四十多年来对中国历史的研究，并不是关门研究某一种学问，而是要解决我个人当身所深切感到的一个最严重不过的问题。

今天我对中国历史的看法，在我自己，已像是宗教般的一种信仰，只要有人肯听我讲，我一定情愿讲出我知道的一切。这一次"总政治部"要我来讲中国历史，我当然非常地高兴。以后七次时间，准备分为七个题目来讲述。

一、史学精神和史学方法。

二、中国历史上的政治。

三、中国历史上的经济。

四、中国历史上的国防。

五、中国历史上的教育。

六、中国历史上的地理与人物。

七、中国历史上的道德精神。

第一讲　史学精神和史学方法

一

人类的知识，虽说千门万户，浩瀚无涯，扼要讲，可以分为两大类：一是属于自然的，一是属于人文的。整个世界一切现象，也不外乎这两大类。自然指的是属于人以外的一切，人文指的是属于人类社会本身的一切。当然人生亦是自然中一部分，但我们站在人的立场，应该看重人生自己的地位，所以我们将整个世界分为自然、人文两大类，也并无不合自然处。

因为此两大对象之不同，我们求获关于此两大类的知识的方法也不同。据常识讲，自然开始是没有生命的，纯物质的，后来慢慢儿在自然中间产生了生命，慢慢儿又在生命中间产生了心灵。从有了心灵，才又产生了历史。我们研究自然科学，最基本的应该先懂得数学与几何，这些都是属于抽象的，只讲数量与形式，这是一个本身空洞而又能概括一切的学问。然这是只对自然科学而言是如此的。若我们讲到人文科学，则不可能拿数学、几何的数量形式来概括，应该把人生已往一切实际而具体的经验综合到几个可能到达的最高点，这就成为历史知识了。所以历史是研究人文科学一种最基本的学问，正如数学与几何之对于自然科学般。

试进一步再详说历史的内容！历史是什么呢？我们可以说，历史便即是人生，历史是我们全部的人生，就是全部人生的经验。历史本身，就是我们人生整个已往的经验。至于这经验，这已往的人生，经我们用文字记载，或因种种关系，保存有许多从前遗下的东西，使我们后代人，可以根据这些来了解，来回头认识已往的经验，已往的人生，这叫作历史材料与历史记载。我们凭这些材料和记载，来反看以往历史的本身，再凭这样所得来预测我们的将来，这叫作历史知识。所以历史该分三部分来讲，一为历史本身，一为历史材料，一为我们所需要的历史知识。

如果我们要把已往整个人生的全部经验，完全地记录保留下来，这是不可能的事。人生很繁复，又是很遥远，过去的一去不留了，我们能凭什么方法，把已往的全部人生保留下来、记录下来呢？这既不可能，也是不需要。我们只求在已往人生中，择其特别重要的，保留记载，使我们得根据这套保留和记载，来了解过去的经过，那就已够了。然而这也依然极艰难，这需有一套精卓的技术。第一先要能观察，能观察然后能记载。正像一切自然科学者，也先从观察开始，才能有所记录的。

我们研究历史，既是包括人生的一切经验，我们该先懂得运用某一套的眼光来观察，然后才能得到某一种了解。了解以后才能开始有记载。如我们没有一套观察人生的修养，也就无法了解此人生，即就不可能将人生的一切恰当地记载了。我们根据这一点来讲，可见史学不仅是在保留人类已往的经验，而实际是要观察了解全部的人生，来求得其中的意义和价值，然后才能成为一种恰当的历史记载。史学正是保留人生经验，发挥全部人生中的重大意义和价值，以传诸后世，使后世人能根据这一番经验，来作为他们人生的一种参考和指导的。所以我们可以说，历史是人生全部经验的总记录和总检讨。

二

不过也许有人要讲，过去的人生，在历史上不可能重演，秦始皇、汉武帝过去了，不会再来一个秦始皇与汉武帝。旧的已经完了，我们要向前获得新的。历史既成过去，我们如何能凭借以往历史的经验和其意义，来指导我们将来的人生呢？

这里面有一个极大的问题，我应该再申说。我认为就历史讲，历史上的"时间"，与我们普通指说的时间有不同。历史上之所谓"过去"，我们可以说它并未真过去。历史上之所谓"未来"，我们也可以说它早已来到了。倘使我们把这样的历史上的时间来讲，前一段时间既未过去，后一段时间又早来到，换言之，历史时间有它一种绵延性，在瞬息变化中，有它凝然常在的一种特殊性。

让我用一个简单例子来讲。如我今天到此讲演，现在已经讲了半小时，但我可说这半小时并未真过去。如果这半小时真过去了，不存在了，那么我讲的下一句话诸位将一定听不懂，或是不了解。我们要了解、听懂下一句话，定要衔接着上面讲的一路听下来。所以说，过去的半小时并未真过去。而我这下面的一句话，此刻虽没有讲出，但必然会讲出的。今天预定要讲演两小时，下面这一小时半的话虽未到来，而确实已到来。但须有待于此番讲演内容逐步地开展。一切历史演变都如此。所以说：历史时间过去的未过去，依然存在着；未来的早来到，也早存在着。唯在此时间中，必有其内容演变，而始成其为历史。

历史是我们人生的经验，人生的事业，而事业必有其持久性。故凡属历史事件，都是一种具有持久性的事件。那些事件，不仅由过去持续到现在，而且又将持续到将来。我们研究历史，并不是说只要研究这事件的过去，而实是根据过去，来了解现在。不仅如是，而还要知道到将来。历史事件是一种远从过去、透过现在而直达将来的，有它一贯的一种历史精神。

诸位此刻来到台湾，台湾已经被日本统治了五十年。今天台湾是光复了，我们到台湾来的一切所见，不仅是今天的台湾，还看见日本人五十年来所统治的台湾，这是台湾被日本统治五十年来的历史。如果我们不了解日本人统治台湾五十年的过去，也就无法了解台湾的今天。由此可知，日本统治台湾五十年的历史，仍然存在于今天，不可能抹杀，不可能取消。日本统治台湾五十年，这段历史不可磨灭，确实存在到今天。推此言之，中国人自己团结成一个民族，创造成一个国家，五千年到今天了，请问！若我们不了解过去的五千年，又何能了解今天的中国？

如果你是别一个星球上的旅客，骤然来到这地球，纵然你能认识这地球上人使用的文字，你能了解这地球上今天报纸所讲的是怎么一些事吗？不要说你是从别一个星球而来的旅客，就算你得了一场病，在医院里睡了三年，没有同世界上任何消息接触过，你骤然读到今天的一张报纸，也将十句九不懂。这不是你不认识报纸上的文字，不懂得这许多句子，而是你不了解这一段历史。因于不了解以往的历史，所以也根本不能了解这现在。我们这一个现在，就是整个历史中之一面，从全部历史演变、开展、累积到今天。这一种演变、开展，是我们所要讲的历史的本身。

所以历史是一种经验，是一个生命。更透彻一点讲，历史就是我们的生命，生命不可能由半中间切断，不能说我今天的生命和昨天无涉。我今天的生命，是我以往生命之积累、演变、开展而来的刹那的平面层，而又得刹那刹那演变、开展到下一平面层。我以往的生命，实在并没有过去。过去了就是死了。我们的生命则没有死，不仅保留到今天，而且必然还得有明天。生命一定会从过去透过现在直达到未来。要了解历史时间，必先了解这一个意义。

《孟子》书中有一句话，可用来讲这一意义。它说：

"所过者化,所存者神。"所经过的一切都化了,所保留存在的却是神而莫测。历史上一切经过都化了,有的没有了,但它化成了今天。今天的一切还要化,这个化便孕育了将来。过去、现在、未来一切都在化,却又一切存在,所以说是神。要能过去透达到现在,才始是有生命的过去。要能现在透达到将来,才算是有生命的现在。这才可说它有历史的精神。有了这精神,才能形成历史。如果过去的真过去了,不能透达到现在,这是无生命的过去,就没有历史意义,没有历史价值了。如果我们只有今天而没有了明天,这个今天,也就没有历史意义和价值。我们一定要有明天的今天,这个今天,才是历史的今天。历史就是要我们看这一段人生的经验,看这一番人生的事业,直从过去透达到现在,再透达到将来。人生的意义即在这里,人生的价值也即在这里。我们要讲的历史精神,就要把握这一点,从过去透进现在而直达将来的,这就是我们的生命。只有生命才有这力量,可以从过去透进现在而直达将来。

所以历史时间不是物理学上的时间,不是自然科学里的时间,这一秒钟过去了,那一秒钟还没有来,这一秒钟是现在,那一秒钟是将来,可以指说分别。人文科学里的时间,有一个生命在里面,从过去穿过现在而径向将来,它是一以贯之的。这一个生命,这一个力量,就叫作人生。这样的人生才成了历史。历史是一种把握我们生命的学问,是认识我们生命的学问。

再进一步说,这一生命,也并不是自然的生命,而是历史的生命。不是物质的生命，而是精神的生命。一个人活了一百年八十年，这只是自然生命。一个国家和一个民族，他们的一部历史，可以活上几千年，这是文化的生命，历史的生命。

我们该了解，民族、文化、历史，这三个名词，却是同一个实质。民族并不是自然存在的，自然只能生育有人类，不能生育有民族。中国人必然得在其心灵上、精神上，真切感觉到我是一个中国人。这一观念，由中国民族的历史文化所陶冶而成，却不是自然产生的。所以民族精神，乃是自然人和文化意识融合而始有的一种精神，这始是文化精神，也即是历史精神。只有中国历史文化的精神，才能孕育出世界上最悠久最伟大的中国民族来。若这一个民族的文化消灭了，这个民族便不可能再存在。目前世界上有许多人类，依然不成为一民族；也有许多民族，在历史上有其存在，而现在已消失无存。这关键在哪里呢？即在于他们没有了文化。

我们可以说，没有一个有文化的民族会没有历史的，也没有一个有历史的民族会没有文化的。同时，也没有一段有文化的历史，而不是由一个民族所产生的。因此，没有历史，即证其没有文化；没有文化，也不可能有历史。因为历史与文化就是一个民族精神的表现。所以没有历史，没有文化，也不可能有民族之成立与存在。如是，我们可以说：研究历史，就是研究此历史背后的民族精神和文化精神。我们要把握这民族的生命，要把握这文化的生命，就得要在它的历史上去下功夫。

前面已经讲过，没有民族，就不可能有文化，不可能有历史。同时，没有文化，没有历史，也不可能有民族。个人的自然生命，有它自然的限度，然而民族、文化、历史的生命，则可以无限地持久。凡属历史生命与文化生命，必然有它两种的特征：一是变化，一是持续。变化的便不持续，持续的即不变化，自然界现象是如此。氢二氧一变成水，便不再有氢与氧。但我们的文化生命，则在持续中有变化，在变化中有持续，与自然现象绝不同。讲历史，便要在持续中了解其变化，在变化中把握其持续。

所以讲历史应该注重此两点：一在求其变，一在求其久。我们一定要同时把握这两个精神，才能了解历史的真精神。所以说"鉴古知今""究往穷来"，这才是史学的精神。史学是一种生命之学。研究文化生命、历史生命，该注意其长时间持续中之不断的变化，与不断的翻新。要在永恒中有日新万变，又要在日新万变中认识其永恒持续的精神，这即是人生文化最高意义和最高价值之所在。

三

我们从这一点来看中国历史，只有中国历史最长久，而且也只有中国历史的内容最广大。纵的方面是上下五千年，横的方面是包括占地面积最广、人口最多的一个历史范围与历史系统，这即可证明中国历史价值之伟大。而且中国可说是世界上一个史学最发达的国家。中国人很早便知道记载历史，这即证明了中国人很早便懂得观察人生，能了解人生的意义和价值，才能开始有历史记载。而且中国人记载历史的方法，又是最高明最科学的。举一个例来说，中国历史记载至少已经有二千年未曾中断过，全世界便没有第二个例可相比。

中国历史的本身，既是如此广大而悠久，加以记载得详备，既有条理，又能客观，这即证明中国民族对人生经验有其更深的了解。如对人生没有深切了解，又如何会有如此客观的记载呢？换一句话说，这即是中国文化该是极有价值的好证。否则中国也就不会有这样大的民族，这样悠久的历史存在呀！因此我们可以说，一定是中国的历史本身有它一种很高的价值。可惜今天我们对此发挥不出来。今天我们的责任，也就在能回头来发挥中国以往历史的精神。

倘使我们要研究自然科学，世界上已有很多高明的科学家，有很多观察精密的记录，与很多的实验，我们该先注意到。倘使我们要研究世界人类文化，研究世界人生已往一切的经验，最可宝贵的一部史料，就要推到中国史。换言之，就是中国的文化。中国史和中国文化，至少是记载了世界上一部分极广大的户口在五千年来的长时期中的演变。纵使中国国家亡了，民族完了，这一部历史，还是将来人类研究人文科学一项最可宝贵的史料。这应该绝对不成问题的。你看欧洲人不是很多在研究巴比伦、埃及等以往历史文化遗迹吗？

但更可惜的，是我们今天的中国人，却又是最缺乏历史知识的。甚至对本国以往历史，也已一无所知了。论历史本身，中国最伟大。论历史记载，中国最高明。但论到历史知识，则在今天的中国人，也可说最缺乏。对于自己国家民族以往历史一切不知道，因于其不知，而产生了轻蔑和怀疑，甚至还抱着一种厌恶反抗的态度，甚至于要存心来破坏，要把中国以往历史痛快地一笔勾销。如何会产生出这样一种变态心理和反常情感的呢？这实在值得我们来做一番详细的追寻。

上面说过，在世界上各国家各民族中，中国是一个最爱好最尊重历史的民族。但经清朝统治二百六十年，中国史学已经渐趋衰亡。我们知道，要灭亡一个国家，定要先灭亡他们的历史。要改造一个民族，也定要先改造他们的历史。犹如要消灭一个人的生命，必先消灭他的记忆般。满洲人入主中国，第一步存心就在打击中国史学的精神。史学精神所最该注重的，是现代的历史，不是古代的历史。满洲人统治中国二百六十年，逼得中国人对现代史没有兴趣了，纵有研究历史的，也都讲古代，不敢讲现代。只有考史，不敢再著史和写史。从前野史私史一类著作，在中国本极盛行的，在清代却没有这风气。直到最近，革命成功了，没有革命史。抗日胜利了，没有抗日史。这岂不就证明今天中国的史学精神早经毁灭吗？

我们知道，没有历史的知识，就等于没有民族的生命。既然历史就是我们整个的人生经验，所以只要你谈到民族，谈到人生，是无法不谈到历史的。因此今天的中国人，虽然最缺乏的是历史知识，却又最喜欢谈历史。一切口号，一切标语，都用历史来做证。如辛亥革命，我们就说"打倒二千年来的专制政治"。新文化运动，我们就说"打倒孔家店""废止汉字""一切重新估价""打倒二千年来的学术思想而全盘西化"。可知我们虽不研究历史，但讲话喊口号，仍都是指对历史的。

然而这些话，这些口号，我要诚恳地请问诸位，究竟在历史上，有没有它真实的凭据呢？中国从秦始皇到清宣统，二千年来，是不是一种专制政治呢？你说是的。我却要问你，根据何在？你的根据自然应在历史上，但你读过了那些史书吗？你所说的专制，是怎样的内容呢？中国一部《二十四史》，你在哪里寻出此"专制"二字来的呢？我想这"专制"二字，也不过是今天的我们给我们以往历史的一句统括的批评话。但这个批评的根据何在呢？请你举出这一个负责的史学家的名字，和这一位史学家的著作来。否则我们怎能根据一些捕风捉影道听途说的话，来武断以往二千年的历史呀！

又如我们今天所提倡的考试制度，这在中国史上已存在了一千多年了，我请问，怎么在专制政府之下，会有考试制度呢？又如我们今天所提倡的监察制度，在中国也有二千年的历史了，怎么在一个专制政府之下，又会有监察权的呢？我们知道，有历史，一定会有变，怎么中国二千年来的政治，却单独一些也没有变的呢？是不是"专制"二字，便可以概括尽了此二千年来的中国政治呢？这"专制"二字，用在提倡革命，推翻清政权时，做一个宣传口号，是有它一时之利的。但从远处看，歪曲历史，抹杀真实，来专便一时之宣传，却是弊过于利的。正因为这一宣传，使我们总感觉中国二千年来，就只有一个专制黑暗的政治。但试问这么一个国家，这么广大的人口和土地，怎样二千年来，可以永远受着专制黑暗的统治，而不懂得起来革命和造反的呢？诸位试想，一个皇帝，居然凭仗他那一套专制政治，能统治这样大的土地，这样多的人口，经历几百年才换一个朝代，又那样地统治下去了，谁为他们创造出这样一套制度来的呢？这套专制的制度，岂不值得我们仔细研究吗？

当时宣传的人，也未尝不知这些话是不近情理的，于是又改口说，二千年来的中国人，全是奴隶根性。好像这样便可以告诉我们，中国的专制政治为何而可以推行了两千年。但我又试问，二千年奴性的民族，再有何颜面，有何权利，在此现代世界中要求生存呢？于是又改口说，这都是孔子的罪过，中国人都上了孔子的大当，我们该打倒孔家店，全盘西化。但我又试问，二千年来的中国学术思想，其真实罪状究在哪里呢？于是又改口说，中国社会只是一个封建的社会，我们要改造中国学术思想，该先打倒这中国二千年来相传的社会。则试问，"封建"二字究竟做何解释呢？所谓封建社会者，究竟是怎样的一个社会呢？你总不能把你所想打倒的，便一律称之为"封建"。"封建"是一个历史的名词，你既未详细读过历史，而乱用历史名词，又如何不闹出大乱子来呢？

这五十年来，老实说，我们并没有历史的知识，这我们可以反问自知。然而大家偏要拿历史来做理论的根据，偏要把历史来做批评对象，刻意要利用历史，又刻意要打倒历史。却不知打倒历史，就等于打倒整个民族的生命，打倒整个文化的生命。试问，若真打倒了过去，如何还能有将来呢？俗话说：从前种种譬如昨日死，以后种种譬如今日生。那样话是靠不住的，不能认真的。倘若从前种种果真昨日都死了，今日种种也便不可能再生。我们该痛切觉悟，我们现在的生命在哪里？现在的生命即就在过去，在未来。过去的生命在哪里？在现在，在将来。将来的生命在哪里？在过去，在现在。

中国这一个民族的生长，国家的创造，到今天已有五千年之久。一部中国史，就是民族和国家的生成史。它有了五千年的生命，我们何能一笔抹杀？今天大家的所以悲观，就在要一笔勾销这五千年历史而终于勾销不掉它。今天中国之所以还能有乐观，也就在这一部五千年的历史之不可能勾销。

今天的中国，我们只可说它生了病，生了一种文化病。有生命的不能没有病。生了病，须寻求它病源。不能说你有病，因为你有生命，要消灭了生命，才能消灭你此病。试问，世间有没有这样的医理？我们不能不承认近代中国生了很重的大病，但要医这个病，该先找它病源。我们不能说病源在生命之本身。我们只能用生命力量来克复这个病，不能因病而厌弃生命，埋怨生命。也不能见一概百，因一个人不遵守时间，便说中国人从来没有时间的观念。如果这样说，试问这是讲的某几个中国人呢？还是讲的全体中国人？还是讲的历史上从来的中国人？或是讲的现代的中国人？若就历史论，我敢告诉诸位，历史上的中国人，不能说全没有时间观念，例证太多，恕我不能在此一一列举。所以我认为今天的我们，批评中国，指斥中国，都是在讲历史，而实际则都不是历史。只把眼前的病态来当整部历史看，这是最大一错误。

当知生命和历史，都是带着过去走向将来的，但不是直线向前，它中间尽可有曲折，有波浪。正如一个人的生命，有时健康，有时病了。就是西方国家，也不能例外。他们的历史，一样有昂进，有堕落，一样是在曲线波浪式地向前。有时他们在昂进，我们在堕落；有时他们在堕落，我们在昂进。双方曲线也并不是平行的。我们总不能拿此两根曲线，单就目前的横切面，来判断二者间之高下优劣。正如不能拿两个人某一天的健康情形来衡量此两人体质的强弱。我们应该详细检验此两人身体的全部以及以往的经过状态，才能了解此两人健康之比较。新的国家，从旧的历史里产生。新的生命，从旧的记忆中建立。若只想推翻旧历史，那未必能创造新生命。眼前这五十年的中国，还不够做我们的教训吗？

四

现在说到研究历史的方法，我想简单说几句。根据上面所讲，研究历史，应该从现时代中找问题，应该在过去时代中找答案，这是研究历史两要点。刚才讲过，历史虽过去，而并未真过去。历史的记载，好像是一成不变，而历史知识，却常常随时代而变。今天我们所要的历史知识，和乾嘉时代人所要的不同。因为现实环境不同，所面对的问题不同，所要找寻的答案自然也不同。一个国家，历史最长久，最完备，应该要找答案也最容易。

我且说近代西方的三位史学家，一是黑格尔，一是马克思，一是斯宾格勒。这三人都出生在德国。但德国实在是一个很可怜的国家，他们历史太短了，简直可说是没有历史吧！在黑格尔出生时，德国尚未完成一个现代的德意志。黑格尔的历史哲学，因他并不能像中国人般，有极长极详的历史材料可让他凭仗，来形成他精美的哲学，所以他并不根据历史来讲哲学，而是根据哲学来讲历史。他说整个人类的历史，就是一部精神逐步战胜物质的历史。人类历史之开展，等如太阳之自东而向西。因此人类文化演进，也就遵循此方向，而由东向西了。中国最在东，所以它的文化，是第一级最低级的文化了。向西到印度，而波斯，而希腊，而逐步到德意志，始到达了人类文化的最高峰，以下便没有了。

试问，世界人类的全部历史演进，哪有如此般简单的？哪会真照着黑格尔一人所幻想而构成的那一套哲学理论来开展向前的？而且人类历史，难道真如黑格尔想法，一到德国兴起便登峰造极了吗？黑格尔并不曾讲准了历史，然而以此刺激起德意志民族，提倡大日耳曼主义，促成了伟大德意志帝国之崛兴。但是连续两次世界大战，德国都失败了，我们也可说，问题就出在黑格尔这一套历史哲学上。

第二个史学家马克思，他本不承认黑格尔那一套精神逐步战胜物质的玄想，但依然遵照黑格尔历史哲学的旧格局，来改造成他的唯物史观的新哲学。他并不注重国家兴亡，民族盛衰，以及文化个性，而只注重在社会形态的变迁上，想把来找出一共同的公式。他说历史必然由奴隶社会到封建社会，又到资本主义的社会，然后变成为共产主义的社会。正同黑格尔的由中国而印度、而波斯、而希腊、而日耳曼民族一样，历史总在一条线上向前。换言之，即是依照他个人所幻想的一条线而进行。再往下也同样没有了。

第三个是斯宾格勒，他在第一次大战前后写了一本书，取名《西方的没落》。他说任何民族，任何文化，都脱离不了"生、老、病、死"的过程。如古代巴比伦、印度、埃及、波斯、希腊、罗马，都曾有一段光辉的文化和历史，现在都完了。他因此预言西方文化也快要没落，又说德意志之后或将是苏维埃。这一说法，给我们近代中国的史学家看见了，却是正中下怀。因近代我们的史学家，早存心认为中国历史该没落，该完了。但何以中国五千年文化，到今仍还没完呢？这不是斯宾格勒的话错了吗？于是我们近代的新史学家说："不，斯宾格勒不会错。中国文化到秦朝兴起，实际早已是完了。"又有人说，中国秦以前是第一段文化，秦汉以后是第二段，唐朝以后又是另一段。旧的中国文化死了，新的又另产生。到此刻，则唐朝以来的文化也完了，也没落了。但我们仍要问，何以向来我们没有知道有第一期的中国人，第二期的中国人，和第三期的中国人的分别呢？我们只知道仅有一种中国人，一种中国文化，和一部中国史。其间尽可有变化，但确不如斯宾格勒之所想，因为中国文化实在至今犹存呀。

上述近代西方三大史学家，为什么他们的话，都会说错了的呢？这也很简单，正因为他们所凭借的历史材料太不够，因此他们的历史智识和其所谓历史哲学者，也连带有问题。我们有着五千年历史，所以我们中国人对人生、对文化历史，本有极高的经验、甚深的陶冶。现在我们却把它抛在一旁，只要外国人讲的话，便诚惶诚恐地奉为圭臬，认为如天经地义般该尊信。其实在黑格尔眼里，中国文化最低级，再不该有存在的地位和价值。黑格尔看中国如此般无知，并不会看整部人类历史便绝对地高明呀！若我们也照自己中国历史来看德国，他们民族到底太幼稚，经验太浅，胜利了没有把握，失败了更没有把握，原因正在他们历史太短，没有深长的认识和经验印入这一民族的心中。所以近代的德意志，不到一百年，便已两度短命。推广言之，近代西方的自然科学虽发达，可是对历史文化，对人生经验，我认为有些处仍是及不到中国。

但近代是西方人在领导这世界，这已有两百多年了。欧洲文化控制了全世界，这是眼前事。不要认为欧洲文化便可永久地领导统治这世界。第一次第二次世界大战，一切问题并未得解决，第三次世界大战仍悬在人人的心上。为什么？战争并不是人类所希望，而像终于不能免，这便是近代西方文化本身犯了病。紧接着几次大战争，西方文化控制领导世界的时期便快过去了，帝国主义与殖民政策都该宣告终止了。

中国这五十年来，开始学德日，后来学英法美，后来又学德意，今天又要学苏俄。西方的，我们都学遍了，但也都碰壁了。要学的学不到，要打倒的，自己五千年来的文化、历史、政治、社会的深厚传统，急切又是打不倒，这是近代中国最大的苦痛，也是最大的迷惘。今天以后，或许可以"迷途知返"了。所有学人家的路都走完了，回过头来再认识一下自己吧！

今天并不是说西方文化一定没落，它应有它将来的生命。但这并不便是我们的生命呀！我们要解决我们自己的问题，该回头来先认识自己。因为一切问题在自己的身上，解决也要在自己身上求解决。若要认识自己，则该用沉静的理智来看看自己以往的历史。中国历史知识的复活，才是中国民族精神的复活，才是中国传统文化精神的复活，到那时，中国才能真正地独立自存了。否则思想学术不独立，国家民族不会能独立，不会有出路。一个全不了解自己历史的民族，绝不是有好大出路的民族。

今天大家正又热烈地要讲民主，中国若要真民主，也不在学西洋，该回头来认真学学中国自己的老百姓。在今天中国老百姓身上，却保存有中国五千年来历史的旧传统与真精神。这是中国历史活生生的生命之具体的表现。但我们若真要了解今天中国的老百姓,便该要了解五千年来的中国史。不了解中国史,又怎能了解今天中国这四万万五千万的老百姓呢?你不了解德国史,你怎能了解德国人?你不了解俄国史,你怎能了解苏联人?你想拿外国的理论方法和意见来硬敲入中国老百姓的脑子里去,这又哪里是民主精神呀!而且将是一件永远不可能的事。即使全不知道历史的人,也该首肯吾此言。

第二讲　中国历史上的政治

一

政治问题可称是人类文化中很重要的一部门,如果政治有办法,此外许多问题也较有办法;政治问题不能有好解决,社会就不可能存在。

我们先从西洋史上的政治来和中国的做一个大体的比较,不是比较其优劣,而是比较其异同。

中国政治,是一个一统的政治,西洋则是多统的政治。当然中国历史也并不完全在统一的状态下,但就中国历史讲,政治一统是常态,多统是变态。西洋史上则多统是常态,一统是异态。我们还可更进一步讲,中国史上虽在多统时期,还有它一统的精神;西洋史上虽在一统时期,也还有它多统的本质。

一般人多说秦以后才是统一的中国,但就实际论,秦以前中国早已统一了。我们可说秦以前为封建的一统,秦以后为郡县的一统。我们对于夏商二代虽不详知,但周代封建,显然由一个中央制定制度,而向全国去推行。当时由周天子向外分封很多诸侯,这很多诸侯共同拥戴周王室,所以可称是封建的一统。西周式微了,王室威权解体,不久有齐桓、晋文之霸业兴起,他们以尊王攘夷为号召,尊王是尊的政治一统。直到战国时代,才始变成了真正的多统,这是说上面更没有一个头脑存在了。

经过了二百多年,秦人起而统一,继之为汉,为三国,而至于晋,一统是常,多统是变。五胡乱华,北方成了多头,但不久即为北魏所统一,继之为东、西魏,为北齐、北周。南方由东晋,而宋、齐、梁、陈。就南方论南方,则只有一个头,仍是一统。就全中国论,则南北各有一个头,但仍都在争取自己为中国政治的正统,可见在多统下也仍未失掉一统的精神。其后隋唐迭兴,中国又成为一统。唐末五代之乱,只仅几十年,即有宋代起而统一。宋时北方有辽有夏,南宋时有金,也可说是多统,但在多统中仍有一统精神之存在。宋是正统,代表常。辽、金、夏是偏统,代表"变"。不仅后代人如此看,当时人心理也都如此看。其后元、明、清三代,中国都是一统。所以说中国历史,一统是常态,偶而在多统政治下,始终还有一个要求一统的观念之存在。

西方与中国春秋略同时的是希腊,希腊是一个很小的半岛,在这半岛上,只有许多分裂的城市,没有一个希腊国,也没有一个统一希腊的中央政府。当时的希腊人,实在认为这种多头的不统一的城市政治才是常态,一到马其顿统一,反而是变态了。希腊以后是罗马，相当于中国的汉代。罗马政府虽是一个大一统的政府，然而罗马是一个帝国，帝国是一种向外征服的国家，这种国家里面，有征服者与被征服者之分。罗马是征服者，罗马之外有意大利，有希腊，有环绕地中海的其他被征服地。罗马的统一，譬如把几条线绾结成一个头，因此说它在一统形态下还有多统的本质。秦汉时代的中国，却不好算是帝国，因其没有征服者与被征服者之严格区分。同样是中国人，都在同一政府下受着平等待遇，所以是真一统。帝国则仅有一统的形式，而包含着多统的内容。被征服的希腊、埃及等，不能就认为是罗马人，罗马政府并不就是他们的政府。

其后蛮族入侵，罗马帝国崩溃，欧洲进入了中古时期的封建社会，这和中国史上西周封建绝不同。他们当时根本就是多头的，没有一个一统的政府。当时曾希望凭仗宗教势力来组织一个神圣罗马帝国的统一政府，也终于失败了。于是乃有西方现代国家兴起，如英、法、德、意等。

以上是从平面空间来讲，现在用直线时间来讲。中国自从夏、商、周，以迄现在，仍是一条线的中国人之中国。西方则开始为希腊人，转而为罗马人，为北方的拉丁人、日耳曼人、斯拉夫人，直到今天，他们脑海中，依然我们是英国人，或是法国人，或是德国人。就文化上讲，或许他们都觉得大家是欧洲的白种人，但就政治讲，仍是多头的，有极高的堡垒，极深的鸿沟，无法混合。

所以中国人受其几千年来的历史熏陶，爱讲传统，西方人则根本不知有所谓传统。无论就时间讲，或空间讲，他们都是头绪纷繁，谁也不肯承认接受了谁的传统。也有人说，中国今天，就吃亏在这一统上，西方人也就便宜在其多头上。这话对不对，我们暂可不论。但我们先要问，专就政治讲，究竟应该是一统的呢，还是多头的呢？这在理论上，是一个政治系统的问题，是一个政治机构的问题。我们姑不说中国的对，西方的不对，但我们也绝不该说西方的对而中国的不对。除非站在纯功利立场，凭最短视的眼光看，我们才会说政治是该多头的。

二

据我个人看法，就政治论政治，希腊不会比春秋时代好，罗马也不会比汉代好，西方中古时期更不会比唐代好，即使在今天，我们也不能说西方欧洲列强分峙一定比中国的国家一统好。但今试问，如何在历史上，东西双方，会有其政治形态之决然相异的呢？这因为东西双方在其对国家观念的理论上，根本就有所不同。因于国家观念之不同，所以代表国家精神的政治体制也就不同了。

西方人说国家的构成要素是土地、民众和主权，就中国人传统观念论，似乎从没有想到一个国家能仅由这三要素而构成的。这三要素，在国家构成上，自然必要而不可或少的，但仅止于是三者，还不够构成一国家。国家构成的最高精神，实不在主权上。从多统的相互对外看，主权似乎很重要；从一统的集合向内看，主权并不是构成国家重要的因素。

近代西方国家的宪法，都规定国家的主权在人民，这句话好像是天经地义。但我们试一推想，若使将来世界一统，成立了一个世界政府，我们能不能在宪法上说天下的主权在人类呢？这句话岂不可笑。政治本是人的事业，何须说政治主权在人？若说国家主权在人民，那么天下主权在哪里？即此可知西方人的国家观念，过于重视主权，实在有毛病。至少这一种国家观念，很难透进一步而达到天下观念的。

而且"主权"二字，对象是物质的，只是指对着某件东西而言。如说这个茶杯的主权是我的，主权在我，我可以打破它，丢掉它，或是变卖它，或是赠送给别人。主权的对象，都是指的一个物体，一件东西，一个工具，一种经济性的使用品。我们不能说国家只是我们的工具，是我们的一件东西，我们对之可任所欲为，随便使用。譬如一个家庭，也不该讲主权谁属。既不属于父母，也不属于子女。家庭不该讲主权，国家也一样不该讲主权。我们可以说，西方国家是一种权利的国家，所以认为国家代表一种主权，一种力量。我们凭借国家来运用这主权和力量以达成我们另外的目的，这是一种功利的、唯物的国家观。中国人不这样想。中国人说："古之欲明明德于天下者，先治其国；欲治其国者，先齐其家；欲齐其家者，先修其身。"个人、家庭、国家、天下，都有一个共同的任务，就是要发扬人类最高的文化，表现人类最高的道德。所以中国人的国家观念，是一种道德的国家，或是文化的国家，所以必然要达成到天下的国家。

今天很多人在笑中国人没有国家观念，只有家庭观念，一跳便到天下观念了。这话似是而非。认真讲，中国传统文化思想，也不许有个人观念、家庭观念的。中国人认为国家是天下的，家庭个人也是天下的。国家只是一个机构，它有一种任务，就是发挥人类的最高文化，和人类高尚的道德精神。个人与家庭，也有此同一任务。这种任务之实现，在中国人讲来便是道。修身、齐家、治国、平天下，就是要明道，要行道。但这一个明道、行道的基本核心却是在个人。就外面讲是道，就个人身上讲是德，明道、行道便是明明德和修身。用现代语来讲，要发扬人类文化，发扬道德精神，达到人类所应有的最高可能的理想生活，出发点是个人，终极点是天下、家庭和国家，是此过程中两个歇脚站。

西方人从个人直接接触到上帝，从个人直接接触到宇宙。所以在西方发展出个人主义、宗教信仰与科学精神。把个人世界与上帝世界（亦称精神世界）、自然世界相对立，所以家庭、国家都摆在第二位。中国是个人、家庭、国家到世界一以贯之，是一个人类文化精神的发扬，人类道德精神的实践。

如上讲，我们的国家观念和国家理论，与西方根本不同，所以双方的国家体制和政治方式亦不同。西方的国家体制，一种是希腊式的城邦制，一国家仅是一城市。另一种是罗马式的帝国制，以一个城市为中心，凭仗武力向外征服。第三种是近代的王国制，由中古时期的封建社会逐渐蜕变而形成。本来这一种国家体制，应该变成民族国家的，然而西方近代王国却始终走不上民族国家的路。他们都不是由一个民族来建立一个国家，也不是在一个国家内只包一个民族。他们全都想向外扩展，争取殖民领土。他们政治上的所谓民主，只限在小圈子以内，外围依然是些被征服者。所以近代的西方国家，实际是以希腊式的城邦制为中心，以罗马式的帝国制为外套。除此两种国家体制以外，还有第三种则是联邦制。如英伦三岛之联合王国，及以往的奥匈帝国，德意志联邦，和现在的美苏，都是第三型。我们可以说，西方国家永久是小单位的、多头的。

中国则从来便不然。既不是希腊式的城市国家，也不是罗马式的帝国，又不是近代美苏般的联邦国。汉朝并不是江苏、安徽的淮河流域人征服了其他各地而永远自成一统治集团的。中国只是中国人的中国，中央政府乃由全国人向心凝结而形成，并不是由一中心向外征服，朝对着被征服地而成其为中心的。也不是联合几个单位而形成的。在西方实在没有像这样的一种体制。

因此在中国人观念里，认为我们这个国家是尽可将其范围扩大而达成为一天下的。而且在汉唐时代，因四围的地理形态和交通限制，中国人也认为我们这一个国家，虽不完全成为一天下，而确已近乎完成一天下了。好像治国已接近于平天下了。直到今天，我们才痛切感到，中国不够算是一个天下了。近代的中国人，常笑我们祖先不知地理，妄自尊大。但试问今天的西方人，如英国，知道其旁有一个法国了，法国知道其旁有一个德国了，今天西方人的地理知识，为什么不能提起他们组织一个世界国家的兴趣和理想呢？此无他故，只为中国人的国家观念是文化的、道德的，西方人的国家观念是权力的、工具的。这是一甚深相异。唯其是道德的、文化的，所以应该一统；唯其是权力的、工具的，所以只有分裂。

三

我们必先明白得双方国家观念和其体制之不同，才好进一步讲双方的政治。很多人常说，西方近代政治是民主的，中国则自秦迄清，二千年来，只是由一个皇帝来专制的。这一种看法，其实是硬把中国政治列入西洋人的政治分类里所造成。最先法国政治学家孟德斯鸠，根据他所知道的西方历史来讲世界上的国家体制。他认为国体有两种，一种是民主国家，没有皇帝的；一种是君主国家，有皇帝的。政体也分两种，一种是立宪政体，有宪法的；一种是专制政体，无宪法的。如是则政府形态可以归约为三类，一为君主专制，一为君主立宪，一为民主立宪。

孟德斯鸠的话，根据他当时所知西方国家的政体来分析，大体是正确的。但他并不了解中国，中国政体不能归纳到这三范畴之内。中国有君主，没有一部像西方般的宪法，但也并不是专制。这句话，好像奇怪，而并不奇怪。我只是根据着中国历史上的实际政治情况而讲其是如此。譬如今天的苏维埃，它岂不没有皇帝，有宪法，而并不是民主吗？可见孟德斯鸠的分类，只是根据他当日所知而归纳出来的一套说法。今天的苏维埃，他并不知道；以前的中国政治，他一样不知道，宜乎他说不准。

现在我们先该研究，中国政府究由何种人来组成的？根据一般历史说，有的政府是用军队武力打来的，由此辈打天下的人来组织的政府，是军人政府。有一种是父传子，子传孙，世代传袭来掌握政权的，这是贵族政府。较早的历史中，往往是由军人政府过渡到贵族政府的。亦可说贵族政府和军人政府是一而二，二而一，并不能严格分别的。近代西方则由中产阶级兴起，向上争取政权，最先取得了议会代表权，拥护皇室，抑制贵族，以民众代表的资格来监督政府，再进而由多数党起来组织内阁，直接掌握政权的，这是议会政府。有人说这种近代民主国家的议会政府，实际则是富人政府，代表着社会资产阶级的权利。于是又有主张联合没有钱的人起来夺取政权的，即所谓无产阶级专政，这可说是穷人政府。历史上的政权，大都不外这几套。

但中国自秦汉以下的政府之组织者，则不是军人，不是贵族，也不是富人与穷人，而主张"贤者在位，能者在职"。政府从民众间挑选其贤能而组成。因为中国人对政治的传统看法，一向认为政府不是代表一个权力，而只是一个机构，来执行一种任务，积极发扬人类理想的文化与道德的。政府的主要意义，在其担负了何种任务，而不是具有了何种权力。因此必须是胜任的，才该是当权的。

所以从秦汉起，中国就有选举制度。汉代每一个青年，在国立大学（太学）毕业，回到地方政府服务作吏，有能力，有经验，经地方长官察举他到中央，由中央再举行一番考试，就正式成为政府内的一个官员。后来又限定各地方须每廿万户口乃推举一个人，这是政府官员唯一的正途出身。所以当时的政府官吏，都由平民社会来。他之得官获职，并不因其是军人或贵族，也不因其有资产或无资产。唯一标准，因他是一个士，是一个贤良的能吏。汉代的中国政府，便这样地由平民社会里推选出优秀分子，在全国各地区的平均分配下，来参加而组成的。这就是中国的大宪法，政府用人的大经大典，这是皇帝所不能专制的。

唐代以后，因为这制度发生了流弊，因此采取自由报考公开竞选制。社会上任何人都可以报名参加政府的考试，经过政府一种客观的标准而录取后，就可以参加政府任职做官。反过来说，不经过这种手续的，就不能参加政府任职做官。这是自唐至清，一千多年来的考试制度。所以我们说，中国历史上由汉迄清两千年的政府，都是由民众组成的。既然这个政府是民众组成的，为什么还要由民众来监督呢？

西方国家距离中古时期不远，在"朕即国家"的观念下，政府是王室的、贵族的、封建的，所以社会上的中产阶级要起来争夺政权，要求参加政府。中国自秦而后，政府早由人民直接参加而组成，即政府也就是人民自己的。我们竟可说这才是现代人所谓的直接民权。而近代西方之选举代议士国会，则仍然是一种间接民权啊。

四

诸位也许要问，既然政府由人民组成，为什么要一个世袭的皇帝呢？这也由于中国本身自己特殊的要求。因中国是一个一统的大国家，国家总得有一位元首。而这位元首，在中国以往情况下，不可能经由选举而产生。因中国一向是一个农业社会，而且土地辽阔，交通不便，若要普遍民选，这是何等的困难？而且这个元首，如要像今天西方般经三五年改选一次，一定会动摇了整个政府的稳定。因此中国政府需要一个世袭的元首，但也只许此一元首是世袭的，其余中央地方各级政府，一切官员，则没有一个是世袭的。也许又有人要说，既然有一个世袭的皇帝掌握政府最高大权，这已就是专制。但我们要知道，中国政府的一切大权，并不在皇帝手中，皇帝下面有一个宰相，才是实际掌握政府最高大权的。

试以唐代为例，唐代最高政令也分有三权：

一是发布命令权，二是审核命令权，三是执行命令权。发布命令的是中书省，审核命令的是门下省，执行命令的是尚书省。后来中书门下合署办公，便成为两权。唐代政府最高命令是皇帝的敕旨，但皇帝敕旨并不由皇帝拟撰发出，而是由中书拟撰发出的。由中书发下的皇帝敕旨，又必经门下复审。所以中书门下两省，在唐代政府中即等于秦汉以来的宰相。当时皇帝敕旨，实由宰相发出的，不过要皇帝画一个敕字，又盖上一个印。

直到后来宋太祖乾德二年，前任宰相都去职了（当时的宰相是委员制，不是首长制）。皇帝要下一个敕来任命新宰相，但旧宰相都去职，找不到这道敕旨的副署人，这在当时政制上是不合法的，不成其为皇帝正式的敕旨。于是这道敕旨，就发不下去。因为不经宰相副署的皇帝敕旨，是史无前例的。于是宋太祖召集了很多有法制经验的大臣，来开会讨论这问题。有人说，唐代曾有过一次未经宰相副署而由皇帝直发的诏敕，那是恰值文宗时甘露之变，旧宰相已经去职，新宰相尚未产生，皇帝敕旨暂由当时尚书省长官盖印，这是由执行命令的长官来代替了发布命令的职权。但这一提案，立即遭到反对。他们说：这是唐代变乱时的例子，现在国家升平，何能援照？最后决定，参加宰相府会议的大臣（正如现在行政院的不兼部的政务委员）盖章代发，于是决定由当时参加政事的开封府尹赵匡义，即宋太祖赵匡胤的弟弟盖了一个印，才完成那一件颁布皇帝命令的手续。

试问这样的政治，能不能叫作皇帝专制呢？若我们定要算它为专制政治，那么这种的专制政治，我们也不该一笔抹杀！也还该细细研究呀！所以中国历史上皇帝的上谕，其实是由宰相做主的。在唐朝，宰相拟好谕旨，呈由皇帝阅过盖章。到宋朝，则宰相草拟意见，呈皇帝看过同意，再正式拟敕。所以唐代皇帝只有同意权，而宋代皇帝则有事前参加意见之权，因此宋朝有许多人说宰相失职了。但话虽如此说，中国皇帝对宰相拟敕也有他的反对权。而且也并不像近代英国般，把皇帝的权严切限定了。或许你又要说，这是中国传统政治不够民主处。但无论如何，你却不该说中国历史上的政府一向是皇帝专制呀！

再次讲到朝廷之用人权，第一必须经过考试录取，由全国各地优秀分子中考选出来，才能引用。而官员的升降，则另有一个铨叙权，又另外有机关执掌管理，皇帝宰相都不能随意录用人、升降人。唐代官员有敕授旨授之别。那时官位计分九品十八级，五品以上官须要敕授，由宰相决定后经皇帝下敕任之。五品以下官则由尚书吏部决定。假使皇帝要直接下手谕派一个官，那亦未尝没有，但他却不敢用宰相正式下令用的封袋，历史上名之曰斜封官，这在唐中宗时有此怪例，这些官在当时是非法的，是可羞耻的。中国没有硬性的宪法，没有明确规定皇帝绝对不许违法的条章。一切都是些不成文的习惯法。但今天不是大家在称道英国的不成文法吗？而且中国也没有像英国般把皇帝送上断头台的事。但即在英国，他们也并不认为这些事是英国历史的光荣呀！

明代是没有宰相了。但明代派官，也有几个办法。内阁大学士、六部尚书，均由朝廷公开会议推选决定，有的则出皇帝的特旨。侍郎以下的官，便由吏部尚书召集三品以上官员共同推定。再下即由吏部会议推派。再以下不须推定，便由吏部开会选派。外省总督巡抚，也由朝廷九卿公共推决，而由吏部尚书主席。布政司以下，由三品以上官会举。所以中国人参加政府，必须经过公开考试。而官吏升降，也须经过一定的制度。唐代有人说："礼部侍郎（相当于今之'教育部'次长）权重于宰相。"因为宰相必须经过礼部考试出身。没有这出身的便做不到宰相，那何尝是由皇帝一人专制决定呢？

至于官吏做错事情了，政府另外有两种的监察权。一部分是监察发布命令之错误的，另一部分是监察执行命令之错误的。行使这两种职权的人，中国历史上是御史和谏官，也即是今天监察制度的由来。御史大夫在汉代相当于副宰相，其下有二属官，一为御史丞，监察外朝，负责代宰相监察政府各级机构的官吏。一为御史中丞，处于内廷，是代表宰相监察皇室与宫廷的。他职位虽低，却可监察到最高的皇帝，这也是中国传统政治里一个微妙之处。因为由宰相直接监察皇帝，易于遭惹君相冲突。所以由皇帝任命宰相，宰相任命御史大夫，御史中丞又是御史大夫之下属，但他的职任却在监察皇宫内廷之一切，那岂不是一个微妙的安插吗？

监察制度到唐代，乃有台谏之分。台官是御史台，专负监察百官之责。谏官则专对天子谏诤得失。谏官乃宰相之属僚，御史台则系另一独立机构，并不关宰相直辖。照唐代习惯，宰相谒见皇帝讨论政事，常随带谏官同往。如遇皇帝有不是处，谏官可以直言规正，这同时也可以避免皇帝与宰相直接冲突，故而双方在此设了一缓冲。谏官是小职位，以直谏为职，直言极谏是尽职，不会得罪的。即使得罪了，小官不足惜，而因此随后得升迁的大希望。这些都是中国传统政治里运用技巧的苦心处。

宋代的监察制度远不如唐代。那时规定台官谏官均不由宰相推荐，于是谏官不再为宰相的属僚。御史限于弹劾违法与不尽职,其职权是专对政府官吏的。谏官则职在评论是非,本意要他对皇帝谏诤。到宋代,谏官反变为不与皇帝为难,而转移锋芒来和宰相为难。因此宰相身边反而多出了一个掣肘的机构。谏官不再如唐代时帮助宰相,在皇帝之前评论皇帝是非,反而在宰相之旁评论宰相的是非。谏官既职司评论,即使评论错了,也不算违职犯法,而且不谏诤即是不尽职,于是政府中横生了一部分专持异见不负实责的分子,形成了谏官与政府之对立,亦即谏官与宰相之对立。神宗以后,因谏官习气太横,是非太多,激起了政治上反动,大家都不理会他们,逐渐在政府内不复发生作用。

到明代,则索性把谏官废了,只留给事中。唐代给事中是宰相属员,属门下省。宰相所拟诏旨,由他们参加审核,认为诏旨有不当处,可以封还重拟。那是中国历史上之所谓封驳。在明代,给事中职权独立了。明代废去宰相,政府最高命令,由皇帝直接发下,内阁大学士的职权只等于皇帝的秘书处。那时执行命令的尚书省,也把长官废了。六部尚书,吏、户、礼、兵、刑、工各自独立,皇帝命令直向各部尚书颁发。但在各部中,却各有给事中若干员,论其职位,只如今之科员,是极低微的,但皇帝诏旨,他们却有权参加意见,在当时谓之科参。而且每一给事中,都可单独建议,不受旁人牵制。诏旨经他们反对,都可附上驳正意见,将原旨送部再核。如是则皇帝的出令权,依然有了限制。所以中国的传统政治,既非皇帝一人所能专制,也非宰相一人所能专制,更不是任何一个机关一个衙门所能专制,那是有历史的详细记载可以做证的。

那么中国政府是否全没有皇帝专制的呢？这又不然。元清两代，他们都是异族入主，有意违反中国的传统政治。元代较黑暗，清代较高明，但其厉行专制则一。然如上述的考试制度，在元代虽有名而无实，但清代则依然循行不废。至于相权、谏权、封驳权等，用来限制皇帝的，在清代一概不存在，至少是有名无实了。西洋人来中国，只看见清代。今天的中国人不读历史，也不知清代故事，只随着西洋人说话，因此大家说中国政治是专制的，积非成是，我来述说历史真相，反而认为是故发怪论了。

五

今天还须提到一点，或许诸位会感觉得更奇怪的。很多人常说："西方讲法治，中国讲人治，我们该效法西方人提倡法治精神。"但若根据中国历史看，我却说中国政府是法治的，西方政府才是人治的，这话如何讲呢？西方人所谓法治，其实主要只有一条法，就是少数服从多数。今天多数赞成便成法，明天多数赞成别一意见了，那别一意见就是法。多数是人，法随人转，所以是人治。中国传统政治最讲法，一个法订定了，谁也不能变动。田赋制度规定了一定的税额，往往推行到数百年，皇帝不能变，宰相不能更，管理征收田赋的有司只知依法执行，谁也不能变动它。西方则不然，皇帝想收多少税，便收多少，于是迫得民众起来反抗，质询他为何要收这么多，应该给我们知道收去的钱是如何的化用。此即西方议会之缘始。

中国政治的毛病，多出在看法太死，人受法缚，所以说有治人无治法，只想要把传统的尚法之弊来改轻。西方政治是动的，前进的，根据多数人意见，随时可以改变。中国政治是稳定的，滞重的，不易变，不易动。今天中国人都知道讨厌文书政治，这亦是中国传统尚法之流弊，却还要提倡法治，所谓以水济水，以火济火，实是没有弄清楚中国历史上传统政治之真面目，真性质。一般言之，小国宜人治，大国宜法治，中国政治之偏向法治，也有它内在的原因。

尚有一点应该提出一讲：西方政治是卑之无甚高论的，很平易，很通达，只多数人认为是，便是了。他们的最高理论在教堂里，耶稣说：恺撒的事情恺撒管，上帝的事情由我管。这就是说：政事由皇帝管，道理由上帝管。待到罗马帝国崩溃，恺撒没有了，于是皇帝也要经过教皇加冕，那岂不是恺撒的事也要由上帝来管了吗？而上帝的道理是教人出世的，又如何来管理世间事？于是发生了宗教革命，政权、教权再分立。

今天西方，一面是个人自由，服从多数，一面是信仰上帝，接受上帝的教训。近代西方人却渐感觉得政治上有时也不能专服从多数，但教堂里的最高理论在上帝，政治上的最高理论呢？在西方除却服从多数外，还是没有，于是希特勒之流应运而生，再来一个政教合一，成为他们近代的极权政治。我们对此固然要反对，但我又不得不问，多数政治就对了吗？若论道理，有时多数的并不对，少数的并不就不对。所以今天西方政治是只讲主权，不讲道理的。若讲道理，反而成为极权政治了。因他们方面的道理，一向由上帝来讲，由教堂来代表。所谓国民教育，只教如何做一个公民，却不教如何做一个人。大学教育是传授智识的，谋求职业的，也不重在教人做人的。做人的道理归谁教？那是教堂里牧师的责任。所以在西方，上帝只教人，不管人。恺撒只管人，不教人。若要管教合一，在中古，是神圣罗马帝国的理想。在此刻，是德国的极权政治之真义。教人的事也由恺撒管，在上者的主义和理论，不仅要你依政治立场来服从，而且要依宗教传统来信仰。信仰了政府，再也不许你信仰上帝。所以他们的极权政治则必然要反宗教。

中国政治却另有一套理论。这一套理论，既不在恺撒，也不在上帝，而在学校和读书人。政府只是学术的护法者，中国传统向来主由学术来指导政治，决非由政治来指导学术的。因于崇尚学术，故必选贤与能，学术是不能凭多少数来判定是非的。然则中国传统政治有无缺点和毛病呢？当知世界自有历史，古今中外，任何一种政治，都不会十全十美，都该随时修正改进。隔了几十年或几百年，都该大修正，大改进。政治是现实的，应该迎合潮流与时俱进的。我上面所讲，只是历史上中国政治之真相。

第三讲　中国历史上的经济

一

经济是人生一个基本问题，它是人生中很重要的一部分。若使经济问题不得好解决，其他一切问题都将受影响。可是经济问题并不包括人生的整个问题，也不能说经济问题可以决定人生其他的一切问题。我认为经济在全部人生中所占地位，消极的价值多，积极的价值少。缺少了它，影响大，增加了它，价值并不大。譬如一个人要五百元维持一月的生活，缺少了一百元，对整个生活影响大，但增多了一百元，则此一百元之价值绝不能和缺少的一百元相比。甚至经济上无限增加，不仅对人生没有积极价值，或许还可产生一种逆反的价值，发生许多坏处。

个人如此，整个社会世界亦复如此。所以经济价值是消极的多于积极的。换言之，经济只是人生中少不得的一项起码条件。若论经济情况的向上，却该有其一定比例的限度。由整个文化整个人生来看经济，经济的发展是应有其比例的限度的。倘若个人或社会，把经济当作唯一最重要的事件与问题，那么这个人的人生决非最理想的人生，这社会也决非最理想的社会。

马克思的唯物史观，认为经济可以决定一切，全部人生都受经济条件的支配。这一理论，就今天西方世界来说，未尝没有它部分的真理。但是这个真理，已是病态的真理。我们若真受经济问题来支配决定我们的一切，这一个人生，这一个社会，这一段历史，这一种文化，已经走上了病态。马克思的理论，是在西方社会开始走上病态后才产生的。因此他讲人类社会演进，完全在经济问题上着眼。他说："人类社会从封建社会走向资本主义的社会。"

封建社会有两个阶级之存在，一是贵族阶级，一是平民阶级。这里有该特别注意的一点，西方的贵族阶级，不全是政治上的公爵侯爵等，同时还有教会，也等于封建大地主。这一社会渐渐演变，到近代都市兴起，乃有新的工商业，所谓中产阶级，起来向上面的封建贵族争取自由，争取政权，造成现代资本主义的社会。他们讲个人平等、信仰自由，结果造成了资产阶级和无产阶级间经济上的不平等和不自由。

马克思在一百多年前的伦敦，看到当时种种工业生产之不人道，经济上的不平等，发表他的《资本论》，唯物史观，阶级斗争一套的理论。他说："资本愈集中，无产阶级愈扩大，中产阶级便不可能存在。无产阶级经过了资本主义的严格管理，他们有知识，有训练，有组织，只要扩大的无产阶级团结起来，推翻资产阶级，这个世界就变成了无产阶级专政。"

实在马克思预言也并不错。我们若不把各个国家分开单独看，而从整个世界的共通处去看，由于资本主义个人自由的经济发展，在国内固造成有产、无产阶级之对立，但由资本主义之向外发展而成为帝国主义之殖民侵略，却使国内穷的不太穷，富的更富了。但就整个世界言，正如希特勒所讲，有许多变成"有"的国家，有许多变成"无"的国家，如是则并不是在一国之内变成为有产阶级与无产阶级之对立，而是在整个世界上分成了有的国家与无的国家之对立。俄国正是一个经济落后的"无"的国家，所以列宁要补充马克思所没有强调的一句话，即是"打倒帝国主义"，这只是马克思预言的局部修正。

今天的世界，若没有更好的方案，终不免会产生"有"的国家与"无"的国家的斗争。这是说明了今天的西方，已经走上了经济问题成为最主要问题的时代，这根本是一个病态的时代。马克思确实指出了近代西方的病态。

二

今天要讲的是中国历史上的经济问题和社会形态。中国社会乃由其他部分来领导经济，控制经济，而并不单纯地由经济问题来领导社会、控制社会。所以经济问题在中国历史上，并不占最重要的地位。中国历史实在比较地能把经济安放在其消极价值之应有地位上。今天中国人纵然就此吃了亏，似乎一向太不注意经济的发展。但就中国全部历史看，经济问题所以不成为中国社会人生唯一大问题的，乃因其有领导控制的经济力量在。这个力量，我们要客观地指出，平心地检讨。

第一点，中国社会与西方社会有一显然不同处。西方社会常有显明的阶级对立，中古时代是贵族与平民，近代是资产阶级与无产阶级。中国在西周及春秋时，也可说是一封建社会，但与西方中古时期的封建社会不完全相同。西方中古时期，由日耳曼人南侵，罗马帝国崩溃，政府法律一切组织解体了，社会上一个个力量便纷纷而起。他们的封建，指的是那时一种社会形态。中国古代封建，却是一种政治制度。由天子分封诸侯，诸侯分封卿大夫，统治各地，于是造成中国古史上的大一统。这和西方罗马帝国崩溃以后所造成的社会封建势力，截然不同。中国封建形成，是政治的，由上而下。西洋封建形成，是社会的，由下而上。

现在暂不讲这一点，而转讲双方的相同处。最要是双方同样有两个阶级之对立，一是贵族阶级，一是平民阶级。所不同者，中国贵族阶级是纯政治的，没有教会僧侣宗教性的贵族。西方封建社会由城市工商人发展成为中产阶级，起来争取政权，这可说是由于近代的资本主义起来推翻了封建主义。中国呢？到了战国以后秦汉时代，封建社会消失了，不再有贵族、平民二阶级之对立，但也没有资本主义之兴起，这事实说明了与马克思理论之不相符。

中国社会自秦汉以后，在一般人脑海中，并没有"阶级"，但却有"流品"。我们可以说，秦汉以后的中国社会，是一个流品社会，并不是一个阶级社会。中国社会上从此分为士农工商四流品，亦可称为四民社会。流品不是阶级。若我们不明白士农工商四流品，亦将不明白中国社会之特点。农工商三流，西方社会也有，现在我们先讲士这一流。

平常说士是读书人，这并不恰切，因中国社会向没有禁止农工商人读书。有人说"士"是知识分子，也同样不恰切。中国人对士之一流，却另外有一种不平常的含义。因"士"可以参加国家考试，跑进政府，预闻政治，我们常说士大夫、士君子，士是参加政府的一特殊流品。而且秦汉以后的政府，亦仅由此辈士人所组织。中国秦汉以后的政府，便变成了士人政府，这和封建社会里的贵族政府绝不同。

在西方封建社会后期，工商人兴起，在先只是对政府争取监督租税收支，审核预算决算，而不是直接要求参政。那时的政府则仍是贵族的。这个审核机构，即是今天议会的雏形。其后因议会种种刁难，政府无法应付，乃由议会中多数党出来组织内阁，形成了现代西方的民主政治。他们这一转变，是有钱人起来打倒了有权人。中国秦汉以后，早不是贵族政府了，参加政治组织政府的，都是平民中间的士。士经过了政府之察举和考试而加入政府，这一制度，由汉武帝时代董仲舒之建议而确立。但既做了政府官吏，便该和社会平民有分别。做官后，由国家给以俸禄，理论上应该专为公家服务，再不该顾及各自的私生活了。若其再谋个人经济，经营私家生活，则将妨碍公众，亏负本身的职守。其余农工商三流，则各自经营私生活，而负有缴纳租税的义务。

这个道理，自孔子时即开始提出。《论语》里屡次说到"士志于道，而耻恶衣恶食者，未足与议也"一类的话。孟子也说："无恒产而有恒心者，唯士为能。"农工商生活有私家经济之凭借，唯士则无恒产而有恒心。其精神所注在于道，不在私人衣食。汉武帝时规定做官人不许经商，唐代规定应考人、做官人都不能兼营工商业。士人报考，必须声明身家清白，此所谓清白，亦包有不兼营私人生产工作而言。因此中国社会上的士，其身份地位，很有些相当于佛教徒和尚或外国的教士。不过和尚是要出家的。在西方，宗教与政治分途，上帝的事由上帝管，恺撒的事由恺撒管。传教徒既没有家庭，也不参加政治，而中国的士，则是不出家的，不但有家庭，还要参加政府，要顾到修身齐家治国平天下一套人生的大任务。西方社会里的最高人生理论寄托教会，中国社会的人生大道理，则寄托在士的一流。有志做士的，便不该自谋个人生活。他的个人生活该由旁人来替他解决，他则应该专为公众服务。孟子之徒问孟子："先生后车数十乘，从者数百人，传食诸侯，不太奢侈吗？"孟子说："尧以天下让舜，舜受了尧的天下，也不算奢侈。像我这样怎便算是奢侈呢？"因此中国社会上的士，是可贫可富的。

在中国，士是双料的和尚。因西方教士和佛教和尚，不要家庭子女，不参加政治，所以说是单料的。中国的士，却有家庭，须得仰事俯畜，但又不准他为自己谋生活，专要他讲道，假使不这样，又如何负得起治国平天下之重任？诸葛亮做了汉相，临终遗表说："成都有桑八百株，薄田十五顷，子孙衣食，自有余饶。臣身在外，别无调度，随时衣食，悉仰于官，不别治生，以长尺寸。臣死之日，不使内有余帛，外有盈财。"这是中国社会士的传统精神。积极方面要参加政治，来管公家事。消极方面不许他兼营管自己的经济私生活。所以说他们是双料的，至少也是半宗教性的。这是说：中国的士，至少该有一半的和尚精神。因其不经营私人产业，便和出家人无异。

一个国家的政治，交给这批人来管，这批人既是向来不考虑个人经济，则对其整个国家的经济，他们的思想和政策会怎样呢？这一层，诸位自可想象及之。若使从中古时期以下的西方，全把政权交给予教会，我想至少也绝不会让社会产生此后的资本主义了。今天西方的政党，其背后是代表着社会的资本和产业的。中国则不然。中国社会因为有了士这一流品，它可不要宗教，它的政府也不会变成贵族政府、军人政府、富人政府或穷人政府等，而永远是一种士人政府，此乃中国社会的根本特殊点。韩愈的《原道》，排斥佛老，他说："社会上只有读孔子书的'士'，可以不从事生产，因为他是为公众服务的。'僧''道'并不为公众服务，何能不事生产而依赖别人生活？"因此，在一方面讲，中国的士是半和尚，因其不事生产而有家庭。从另一面讲，又是双料和尚，因而又不许他经营私人生活，负了治国平天下的大责任。

中国在秦汉以后形成了"士"人政府，社会由士人来领导与控制，所以我对两汉社会，称它作郎吏社会。两晋南北朝，称它作门第社会。唐代以后，则称它为科举社会。这是完全着眼在士这一流品之转变上来划分的。这完全和西方不同。

三

现在再讲到中国社会中之农工商三流品。中国社会也可称是一个农业社会，因农民占了国家最多的户口，农村是中国最广的基层。要讲中国的农民生活，必须先讲到土地问题，这是中国历史传统上一个最重要的经济问题。所谓土地问题，便是讲土地的主权问题。土地的所有权，应该是国家公有呢？还是由农民私有？

中国在封建时代就有井田制度，井田制度和封建社会是不可分离的。井田制度乃是封建政治下一个重要的节目。井田就是土地国有。当时说："普天之下，莫非王土，率土之滨，莫非王臣。"照法理讲，全国土地都是天子的。天子分封给诸侯，诸侯分封给卿大夫，卿大夫再平均分配给农民耕种使用，便形成了井田制度。土地开始分配，以九百亩划分九个单位，由八家承耕，每家分种一百亩。当时似乎尚无像后世租税的观念。唯一条件是八家共同耕种那中间的一块一百亩，把其收获交给公家。实际上等于公家拿了九分之一的租额。但此制后来发现了缺点，农民全把精力放在分配到的田亩上，各家的一百亩私田耕得都很肥熟，对公耕的百亩便不免荒芜了。于是贵族地主不得不改变办法，不再将土地分公私，全部交给予农民，而向各家征收其十分之一的田租。这一转变便生了问题，因把土地所有权的观念改变了，渐渐地驯致不再去管每家一百亩的平均分配了。他耕一百亩也好，耕一百二十亩也好，政府反正只要向他收取十分之一的租税。政府变为认田不认人，不问你耕多少田，只知道按田收租，于是逐渐转变为耕者有其田，将原来平均分配的精神打破了。

这样由土地国有转变到私有的过程中，并没有革命暴动，也没有任何一套明显的理论来鼓吹，若把西方眼光来看中国历史，这是难以了解的。这像后来印度佛法传入中国，到唐代已变成为中国的佛学，这是宗教上一大革命，然而也并没有像西方宗教革命般的显然争持和流血残杀。可见中国历史并不是没有变，而是在很和平的状态下很自然地变了，一幕一幕在不知不觉地变，没有很鲜明的划分。这是中西历史形态不同。究极言之，亦是中西人的性格不同，乃至中西文化精神之不同。

但"耕者有其田"也有一大缺点，因为土地所有权既归私有，耕者便可自由处置变卖土地，社会上便形成有贫富不均的兼并现象："富者田连阡陌，贫者无立锥之地。"但在政府租税制度上，则一向保持轻徭薄赋的传统。孟子理想中的租税额是十分取一，但汉代田赋规定是十五分取一，实际征收只三十分之一。唐代更轻，只合四十分之一。这是全国一致的。但有些农民并得不到好处，他们对地主缴租要高到百分之五十，或更高。国家法令虽宽，农民并不全受到实惠。王莽因此主张变法，把全国土地收归国有，重新分配，这叫作王田。王莽用意并不坏，但社会经济问题，并不是政府一道命令可以解决的。王莽土地国有的政策，却完全失败了。

从东汉末年到三国，全国大乱，地方政府解体，土匪盗寇四起，农民无法生存，便去依靠大门第。壮丁编为大门第的自卫队，这叫作"部曲"。大门第再圈占土地分配给部曲户，有的是部曲户携献土地给大门第，在不打仗的时候，仍由部曲户耕种。这些土地，现在则并不归农民所有，也不属于国家，而归入部曲主的掌握中。农民配到土地，自备牛和农具的，可获岁收百分之四十。由地主借给牛和农具的，只能得到百分之三十，更酷的只有百分之二十。当时国家的军队因没有了田租，遂也没有了饷源。曹操时有谋士策划实行"屯田"制度，军队于空闲时派田耕种。照法理论，田地是公家的，抽出百分之三十至四十的生产作为饷粮，其余缴回政府。在那时，全国几乎只有军队，没有农民了。军队又分两种，公家的是"屯田"兵，私家的是"部曲"，都由军队耕种自给。当时地方长官如县令郡守都没有了，全变成为屯田都尉。两汉时代是由农民担任义务兵役的，现在则由军队担任义务农作。

晋代得了天下，军队复员为农民，但田粮仍和从前一样征收到百分之六十至七十，这是中国历史上最高仅见的租额，也是中国历史上农民最痛苦的时代。

南北朝时，北魏始创立"均田"制，这一变动，又是由租税制度之变动而影响到土地制度。当时政府收租为百分之六十，大地主收租也只百分之六十，因此一般农民，均不愿当国家公民，而宁愿做大地主私属的佃户。因做大地主的佃户，遇穷困时还可向地主借贷。做了国家公民，穷困时会告贷无门。所以当时政府的户口册上公民甚少，大都依归大门第下为"荫户"，这亦可说是一种变相的封建社会了。北魏孝文帝虽是鲜卑人，但他却懂得根据中国历史，改变赋税政策，把田租额减轻到略等于汉代，如是则农民都愿改报户籍转为国家的公民。但政府同时也放宽限度，允许大门第可以依照一般公民的分配额，多耕十倍或几十倍面积的田，这是所谓"占田"。这是直从东汉末年以来土地制度上一番大改革，但也在和平过程中完成了。

唐代沿袭北魏"均田"制而成为租庸调制，大体仍和均田制差不多。这制度的好处，一是田地平均，二是租额轻减，但不久此制又失败了。任何一种制度之推行，必须有一种精神与之相配合。没有一种内在精神去配合推行，制度是死的，积久了一定会失败。譬如要平均田亩，必须具备详尽的户口册。唐制户籍共需三份，一份呈户部，一份送州，一份留县。这些全国农民的户口册，三年改造一次，每次均要三份。一次改造称为一比，中央政府保留三比，即旧籍三份，共九年的存卷。地方政府保留五比，即旧籍五份，共十五年的存卷。生死的变更，逃亡的发生，全国每天都不免有这些事故，都不该马虎。若办事人稍一疏忽随便，户口册便逐渐不正确，而整个制度也必然要失败了。

唐代自租庸调制失败后，改行两税制。一亩地抽夏秋两次税，只问田，不问人，又恢复到土地私有可以自由买卖的情形。此后历经宋、元、明、清，土地永远私有，田亩永远可以自由买卖，虽有人再来主张土地公有，平均分配，可是始终没有实现成事实。但唐以后的土地兼并和贫富不均，比以前略好些。这因为隋唐以后采用了公开考试制度，报考的名额不断地放宽，而非经考试不得入仕，即使宰相子弟也不例外，这一制度推行了，以前的大门第逐步衰退而终于不存在。所以此后中国社会虽不能无贫民，却没有像古代封建时代之大门第与大贵族。

更重要的是中国社会上"士"和"农"相配合的理想，这在古代《管子》书中已提到。汉代士人，大体由农村出身。唐以后的制度，属于工商籍的户口不准应考。因此士的一流，也只有从农民中产生。中国人一向爱多子女，这也不尽在乎某一种的宗教观念。如一家有三子，由两子种地，让另一子读书报考，考中了可以入仕做官。往往一个农民家庭，勤俭起家，留一个儿子读书进入士流，报考当官，得机会可以做到宰相或其他高位，便可以购地造屋，退休做乡绅。但乡绅子弟，往往经久了又不能上进，两三代后又衰败了，回到农民耕田的本分。而在农村里又有另一批新的优秀分子平地拔起，报考做官，取而代之。如此循环不绝，所谓耕读传家，自唐代至明清，均属此情形。只许农民投考，不许工商人家子弟投考，又只许做官人购地造屋，不许做官人开店设厂，兼营"工""商"。因此做官人只能成为一富人，却不能成为一资本家。而官家富人又永远地在更替流转，不能累积成大富。要明白中国的社会，要明白中国社会的经济，必先明白这一个制度。

四

现在再讲到工商人，我们该回到封建时代从头讲起。那时候整个土地完全属于国家所公有，一部分开放的是耕地，一部分不开放的叫作禁地。贵族受封后，那些土地便由贵族统治。耕地开放给平民耕种，此外如山林池泽不开放的，便叫禁地，由贵族派员管理。这里面的生产，便是贵族的私产。后来有一般无业游民偷入禁地，伐木捕鱼，烧盐冶铁，这种经营是犯制的，在当时认为作奸犯科，为政府贵族所不容许。这批人在春秋时代便叫作盗贼。起初贵族派军征剿，后来剿不胜剿，便派人驻守入口，抽征其奸利所得，遂成为一种变相的赋税。中国古人所谓"征商"，"征"字原为"征伐"义，而后来乃转变为征税。所以民间的自由工商业，在很早封建时代是认为作奸犯科的，是一种不正当的事业和行为。此种法理观点，连带于古代土地所有权的观点而生起形成，是远有其历史渊源的。这又与西方工商业的发展有其不同的途径。

秦汉时代，只有皇帝仍照古代父子传袭，而政府则与古代不同。古代分封一个贵族，就给他一块地，此为封建。后来做官的改给俸禄，不再给地了。农田无形中转为农民所私有，但其他的山林海泽，在传统观念上，依然是天子私有。所以秦汉时代政府里的财政机关也分成为两个：农民税收归政府公用，属于大司农；山林海泽一应工商业方面所抽的税，这是王室私有的，属于少府。政府有政府的财政收入，王室有王室的财政收入。"朕即国家"的观念，中国秦汉以后已并不存在。但战国以后，工商业大大地发展了，如齐国的临淄，便有户口廿万家，大都市早兴起了。当时最大的商人是盐商和铁商。商税既归王室私有，于是王室收入，反而多过了政府。这也不是出于帝王之私心，只是社会经济演变发展，在当时未先逆料到。

　　汉武帝数伐匈奴，为国家司库的大司农报告国家钱库已空，武帝下诏命富商捐款，应者只卜式一人。武帝遂一怒而收回山林海泽之利，把盐铁收归国营与官办，把因此所得捐助给政府。在武帝之意，好像说：你们那些商人，运用了我王家土地发了财，我请你们捐助些给政府，你们不肯应，现在我便把王家私地收回，让我来直接捐交政府吧。此种政策，正如今日之公卖与国营，有的说它颇似近代西方国家社会主义的理论，其实在中国历史上的出发点则大体如上述。可见中西历史仍是不相同。我们一定先要明白汉武帝以前一种土地所有权的观念之来历与转变，才能明白汉武帝所行盐铁政策之理论与根据。

　　汉武帝以后，政府对社会上可获大利的工商业，一向都由政府控制，不让私人尽量自由地经营。因此对农业则轻徭薄赋，平均地权，对工商业则限制发展，不使社会上有大贫大富之出现。孔子的人生理想是："贫而乐，富而好礼。"社会不能严切制定没有贫富之分别，但穷人亦要让他们活得有一些快乐，富人须教他们知礼守礼。中国人所谓礼，便是一种生活的节制与限度。董仲舒曾讲过一节话，他说："富而骄，贫而忧，都是要不得。我们不能使社会上绝无贫富之分，但不可使富人到达骄的地步，也不该使贫人落到忧的境界。"

上引孔子与董仲舒两番话，实可代表中国传统的经济理想。一个社会，虽不能做到均贫富，却老想能在某种限度内保持其平等。富的有一个最高限度，穷的有一个最底限度，求能把贫与富的分别，限制在此有宽度的中间而不使逾越。此亦是中国人之所谓礼，亦即是一种均产的理想，这一种理想的执行人就是"士"。

在这样一种传统理想控制之下，遂使中国始终走不上大富大强的路。然而一个国家也不可太富强，太富强了就会有危险。中国的传统哲学：国防求能做到不被人侵略，经济求能发展到一般生活没问题。到此为限，却不许继续无限地向前。罗马帝国的衰亡，原因即在其太过富强了，因经济集中而流于过度奢侈，遂致文化崩溃，国家沦灭。中国始终把文化根苗寄托在农村，不让财富集中到城市，工商资产始终受节制，求其与农村经济保持一有宽度的均衡状态，而限制其发展过度，这样也影响了实用科学之发达，物质文明永远不能突飞猛进。然就长时期历史进展言，中国的物质文明也始终在西方之上。因为没有急剧的逆转与崩溃，经过长时期积累，所谓日计不足，岁计有余，无论从实际情况讲，或从理想意义讲，中国历史上的经济制度还是有它不可抹杀的长处。

马可·波罗来中国，其时在元朝，这一时期的中国很不像样，但在他游记里，已经使当时西方人不信世界上会有这样一个经济繁荣的国家之存在。到清朝康、雍、乾时代，中国物质文明，就一般言，仍然在西方之上。只这最近两百年来，西方新科学才突然凌驾了中国。然正因为西方科学之突飞猛进，而造成了西方今天种种的问题。我们不能只看今天西方的发达，而忽视了中国一向用政治来控制经济的那一套理想与方法。自文化立场讲，从一个人生理想上来规定一种经济限度，是未可厚非的。

五

今天中国社会情况大变了，但变在哪里呢？据我想，如上所述，中国社会里的第一流品"士"的质量先变了，这至少是在大变中很占重要的一项。"士"是中国社会的中心，应该有最高的人生理想，应该能负起民族国家最大的责任。更重要的，是在他们的内心修养上，应能有一副宗教精神。可说中国的士，应是一个人文宗教的宣教师。他们常要不忘记自己是半和尚，或是双料和尚，而不仅是一个有智识的读书人。自从西方文化进入中国，中国若能急起直追，迎头赶上，在和平秩序中接受他们的新科学，这也并不是一件困难的事，并不需要先把中国整个社会整套文化彻底推翻，全部革命。但一部分读书人走上政治，失却了为公服务的责任感，却说是争民权。一部分改行经商，索性专一孜孜为利，说是个人自由。西方人至今尚进教堂，接受他们许多传统的人生教训，而今天中国的智识分子，则只接受了西方的权利观念，没有接受他们的宗教精神。社会依然是中国的，理论却是西方的，又只有西方理论之一半，只讲个人权利，不讲仁爱与牺牲。于是四民中缺少了一民"士"，社会骤然失了中心。

其实今天中国社会里的所谓智识分子，还如从前的士般，实际上还是中国社会的中心，但他们只保持了中心的地位，早失却了中心的精神。他们只肯剽窃西方政治经济理论来自便己私，而缺乏一种为公牺牲的宗教精神。反而离题愈远地来求破坏中国社会，打倒中国文化。理论上是消极的所谓革命，实际上是专为个人或派系，或党团，争夺各自一份的私权益。于是造成了今天的局面。我觉得目前的中国，依然要走中国自己的道路，要恢复"士"的精神来做社会中心的主持与领导。这辈人不应该借着民主理论来逃避自己的责任。他们还是社会的灵魂。他们应该尊孔子也如西方人敬耶稣般，应带有一种为公牺牲的精神。不能仅凭一套浮浅而实际是自私的政治经济理论来掩饰其自营己私的权利营谋，来助长相互间的斗争情绪。他们必须有精神，有信仰，他们确还是今天中国社会的中心，责无旁贷，不应该躲避。他们说："今天是民主社会了，谁也该自由，谁也该平等。"实际则仍是不平等，只让他们获得了许多自便己私的自由。

中国向来有一套士农合一节制经济的传统理想，因此中国社会绝不会走上资本主义的路。今天中国人的大缺点，就在把自己本身的社会实相撇过不谈，而专门滥用西洋几个空名词套上，硬拼硬凑。我们希望中国文化还要自觉地站起来，那么中国才有新希望。

第四讲　中国历史上的国防

一

中国民族是一个和平的民族，中国文化也可说是一种和平的文化。但从历史上看，中国民族也极有战斗精神。中国民族和其文化之和平，是一种强性的和平，它赋有很坚强很优越的战斗精神。普通常讲中国二千年来闭关自守，这话并不合实情。中国是一个门户洞开的国家，本就无关可闭。东南是大海，西边是崇山峻岭，但北方是一带辽阔的平原。在这一条绵长的边疆上，中国并无天然的国防线。不仅门户洞开，而且藩篱尽撤。但在那边，虽没有天然的防线，却有天然的疆界。

北方天气寒冷，没有雨水，广大的草原和沙漠，无法发展农业。仅有很多游牧民族，在此地带飘荡。中国原是一个农业文化的社会，越过此界线，农业无法栽根。农业文化也可说是人类的基本文化，但古代农业文化之最大敌人即为游牧文化，近代农业文化的最大敌人则为商业文化。德国史家斯宾格勒有一名言，谓"近代商业文化，就是变相的游牧文化，是一种新的游牧文化"。换言之，此两种文化，同样涵有侵略性，而农业文化则天然具有保守性。古代世界最大游牧民族根据地，即在中国之北方。中国实逼处此，遂不得不建立起一条人造的国防线万里长城。远从战国，直到秦始皇络续建造一条漫长的防线；西起甘肃临洮，东至朝鲜大同江边（并不是到山海关）。若以罗马北部的阿尔卑斯山相比，中国万里长城何啻延长了几十倍，而且也不如阿尔卑斯山有天险可资扼守。

　　游牧民族的武装，以骑兵为主。马性爱冷喜燥，一到秋冬，全身马毛都长好了，所以说秋高马肥。骑兵的武器是弓箭，弓用胶质制成，所谓角弓。天寒胶凝，弓硬箭远。唐人诗所谓"风劲角弓鸣"。所以游牧民族一到冬季，正值食粮断绝而武装完备的时候，而那时的中国，农村里已经是秋收冬藏，酒酿熟了，布织成了，天然地引起北方游牧人的垂涎。这样团聚而流动的游牧队伍，可在荒远漫长的万里长城之任一个缺口蜂拥而入。中国尽有几十万边防劲旅，也是防不胜防，加以当时通讯困难而迟缓，待他处救兵到达，敌骑早已远扬。散处的和平农村，面对着这一飘忽而强大的，在天时地利人和三方配合的侵略大敌，这真是中国史上从始以来便面对着的一个最困难对付的大问题。

　　由于上述原因，逼得中国只有改采攻势的国防，而不可能常用守势。但若中国要采取攻势，则须先训练一批机动性的远征军队，能求找得对方主力，加以歼灭性的击破。这是中国历史上对外战略所谓的一劳永逸。但中国军队要向北方边外开拔，运输不便利，大军机动向前，粮食辎重后发，这是行军一大危机。游牧人南来，可以就地觅粮，到处掠夺。中国军队北上，则必携粮随行。因此此项出击，又必在一个短时间内把握有必胜的机权。这样的"开塞出击"，若果有胜利，敌人知道了我们的战略，在近塞处战败了，还可越过大沙漠，退到漠北，借沙漠为掩护。只要避免主力被歼灭，待中国大军一退，依然可以越漠南侵。因此中国要求真能一劳永逸地遂行其歼灭战略，势必再进一步，绝漠穷追，求得彻底的成功，才能得到数十年或百年的太平。这当然是一种充满冒险性的孤军深入战，可胜而不可败。

用机动的出击，在极寒冷的天气里，要远越关塞到无人烟的大草原，或横跨大沙漠，来寻击敌人的主力。有时数万大军，绕行了旷荡荒凉的万里长程，结果不见敌人一兵一卒，无功而归。亦有提数千骑兵，出其不意地摧破了敌人数倍十数倍之众。这常是一种极惊险极勇敢的表演。必须有极优越的将帅天才，与士兵素质，才能胜任而愉快。而且在中国，要出塞远征，必先训练大队骑兵。无论在黄河流域，抑长江流域，骑队的训练都很困难。因为这里多是密集的农村，而且气候温湿，不适于大批战马之养护。这可想中国历史上对外防御是如何般的一种艰巨工作了。

历史上中国军队取辽东，征高丽，普通都从热河出兵（以往是不从山海关的），必须配合气候，随带粮食，在出征之前就预先计定班师凯旋之期。如果这一次出征，不能获得决定性的胜利，天气骤变，或是粮运中断，这支军队往往会一去不返。这些都是中国国防先天的难题。汉武帝、唐太宗讨伐匈奴、突厥，及其他的对外武功，大都总是以少取胜。大队结集，反而要吃亏。几路军队，包围合击，出奇制胜，常演出惊险的场面。或是向导迷途，两支军队无法会师。或则前军追击，后军不继，遂致两相隔离，不能呼应，形成孤军，受敌包围。有如霍去病、李靖的战绩，十足可以说明中国民族之富有战斗精神和战斗力量。在其保国守土的绩业上，殆为其他民族所无可比拟。

这一种塞外立功，往往经过了十年或几十年的惨淡经营，才始获得一次决定性的胜利。而因气候物产种种关系之限制，对战胜所得，又不可能长期占领。中国内地的农业文化和农村生活，终苦于无法移殖。于是大军凯旋之后，最多数十年一百年，塞外游牧人获得休养生息，潜滋暗长，新的力量又在无形中崛起。那不是么？匈奴完了有鲜卑，鲜卑完了有突厥，突厥完了有契丹，以后又有金，有蒙古，有满洲。此只据其最著名者为例。而在中国本土，因经过了一百年八十年的长期太平，武备松弛，人民终老不见兵革，一旦第二次外患又来，逼得中国要重新努力再一次新的大规模的攻势防御来再固疆圉。

如是般的循环，直从秦始皇到现在，已经二千余载。但中国民族和中国文化，仍能屹立于世界，成为世界上现存唯一古老国家，这绝不是天幸。印度对外只有一途可通，罗马亦然，陆路除却阿尔卑斯山天险，竟可说是无路可通了。中国则漫长的边防，无险可扼，而且其外面又是最适宜于大量游牧蛮族之屯聚与流转。试问在如此困难的国防情势之下，还能保留其民族文化绵延至今二千多年，若使没有一种内在的极坚强的战斗精神，如何可能？

而且中国军人，不但富于攻击性，同时也极富于防御性。防御性的战和攻击性的战，此在军队性能上，是相反的两极端，而同时在中国军人身上表现了。其他民族，往往有的善攻不善守，或是善守不善攻。中国历史上的军队，却具备了此相反的两性能。所以中国有时被北方蛮族侵入，往往能就地抗战，以劣势挫敌优势。像唐代安禄山攻睢阳，张巡、许远孤军困守，终于摧挫了敌锋，保全了江淮，这是历史上极著名之一例。如此之类，举不胜举。故说中国素受异族侵凌，这话固不虚。然也是我们对自己国防的一句警惕话。却不该因此看轻了我们历史上民族传统的强韧战斗精神。

二

汉代匈奴，实在是当时一可怕的强敌。屡次内侵，终未成功。经汉武帝痛快击溃之后，其一支流亡到欧洲，欧洲人却无法抵抗，被打到了罗马，直到现在，欧洲还存在一个匈牙利国，是其遗胤。至于西晋时的"五胡乱华"，这并不是北方少数民族直从塞外入侵冲破了中国防线，而占领到中国之内部。这是许多早已许其移住在中国内地的少数民族乘时捣乱，突起叛变，只是中国内部一种政治崩溃与社会动乱。唐代武功，举世无匹，可不用说。

以后便是辽宋之争。一般人都卑视宋朝，称之为弱宋。殊不知宋朝处境的困难，较之汉唐，不知要增加多少倍。一则是五代石敬瑭割弃幽蓟十六州赠予契丹，到宋初开国，中国东北方疆土，自山西大同到河北北平，早都在辽国之手。西边由山西大同往南，尚有雁门关一条内线可守。而东边河北则只有居庸关到山海关一条外线。逾此向南，从北平保定直到黄河北岸，地势平坦，更无阻塞。宋代的国防形势实太削弱。二则宋代东有辽，西有夏，这两国都是马和铁的最要出产区。中国对付北方，必用骑兵，而产马区均落敌手。养马又须广大草原，或深山长谷，不能一匹匹地分散在农村里养。所以宋朝要训练大队骑兵，根本条件不够。当时曾有人计算过，开辟一块草地养一匹马，这块地就足维持廿五个农民的生活。如以白银茶叶向西夏换马，西夏自不会把上品的马供应。换来马后，散给农村饲养，一户一匹，往往一二年后即羸瘠无用，不堪作战。宋朝在此情况下，应付辽夏，前后维持了一百六十年的长期，实在比汉唐困难得多。

后来金国南侵，也只占领了黄河两岸，没有能过长江。南宋虽弱，还能保住了半个中国。中国历史上第一次全部被北方民族占据的，只是蒙古。蒙古人用兵，世界罕有其匹。他们曾横扫欧亚两洲，然他们所遇到的最大敌人，还是中国。那时中国早分成三个国家：北是金，西是夏，南是宋。而蒙古南犯，自成吉思汗至忽必烈，前后五代七十八年，大别可分为三期：第一期，太祖成吉思汗灭西夏，取道金黄河以北地，但打不过黄河，越不过潼关，便转向西侵，直攻欧洲。第二期，太宗窝阔台联宋取金，自汉水借道襄阳，迂回潼关，以抈金之背。但灭了金，仍无法攻宋，又再度西征，越过莫斯科，直捣意大利之威尼斯。第三期，世祖忽必烈绕道西康、云南，转向回攻襄樊。其间攻襄阳六年，攻樊城四年，宋朝还是挣扎着，仍未即就灭亡。据西方人记载，蒙古西侵，真如秋风之扫落叶，未见有像到中国来那般节节受阻的。可见当时蒙古人所遇最强韧的大敌，还是中国。蒙古武力亦为吞并中国消耗极巨，宋亡而蒙古亦趋衰弱，未到一百年，仍为汉族驱逐出塞。整个蒙古帝国的衰亡，主要还是在中国开始。

再一次的北方民族入侵，便是满洲。我们往往怀疑当时偌大一个中国，何以竟无法抵抗小小的满洲部落。但满洲侵灭中国，前后也历三十年，其间经过极曲折。中国原是一个和平性的民族，政治比较合理，在升平无事了二三百年之后，一旦仓促临时征调全国农民来当兵应敌，疆域又如此般辽阔，征发令一下，便致全国骚然。这些弱征，是一个和平文化的社会，发展到百年以上的长时期之后所不易避免的。当时军备存库，也多已是百余年前的腐朽。据历史记载，杨镐领着四路大军出关，临时开库配发军装，铁甲都已锈烂，战袍缝线也都脱断，分配盔甲，肥大的配给了瘦小的，瘦小的分配到了肥大的，十万二十万大军，一时哪能有现成称身军衣？出师前宰牛祭旗的刀，也竟锈钝了割不断牛颈。这样的武装如何能用？而且南方人从没见过冰雪，一旦开上遥远的东北，气候骤异，缩瑟寒冷，军心士气，先受威胁。

满洲人是全族皆兵的，他们尽在打仗战阵中生长。他们的帽子，对耳鼻均可御风。上身是皮马褂，这是马上的军装大衣。长袍内襟拖长，可以把两襟左右分开，庇护着骑在马上的两腿和膝盖。两手勒缰和使用武器，有马蹄袖保温不冷。这真所谓主客异形，天然地便吃亏了。加以他们的武器，因是一个战斗民族，所以都是配合着各人身材力量，由私家各自精心铸造。两种社会的全部生活绝不相同，在这样的对比下，中国军队件件见弱，这不是中国人不爱国，或不善打仗，而是太平已久，迫不及备的原因。

讲到这里，我们要回头追忆到汉武帝的雄才大略了。他预备攻匈奴，便先期训练骑兵。为要养马，便先到新疆移植苜蓿，在上林（即当时的皇家公园）辟地试种。他为此曾运送大兵到西域去挑选种马，所谓汗血天马是也。马有了，才好练骑兵，待几十万马队训练成熟，这样才一鼓出塞，自然易获胜利。武帝为要攻大理，通西南夷，知道大理有一昆明湖，便在长安仿照昆明湖凿了一个大湖，亦名昆明，用来天天训练水战行船。否则大陆人南下，又何能骤习水战呢？孔子所谓："以不教民战，是谓弃之。"这是政治问题，不是民族本质问题。

满洲是一个新兴民族，正从战斗中长成，明朝二百年来，只怪社会太平太久，然这不是人类文化所应有的理想吗？待其忽然面对强敌，几仗之后，虽经失败，而战斗精神渐旺，还能守住山海关。若使那时国内政治稍得清明，不腐败，没有李闯、张献忠造反，内部不至闹得不可收拾，山海关守兵不撤，满洲内侵，还是可以抵抗。我们不细读历史，不明白当时种种真相，只知道中国给满洲吞灭了，便说中国民族早已衰败，该亡国了，这真是丧心病狂之见。

中国的对外军事史上，还有一点值得称扬佩服的，是每逢获得大胜仗后，便能适可而止。汉武帝、唐太宗都是好例。罗马人因穷兵黩武，终至覆灭。中国则不然。每逢对外战争，大将军胜利归来，中国人并不热烈崇拜。甚至如西汉陈汤，以单车之使，攻克西域匈奴遗族郅支强敌，却受国内种种责难。其实这不全是中国人之糊涂。中国历史上最受后世人热烈崇拜的，反而都是些失败英雄。他虽失败，我们鼓励他，崇敬他，称扬他，如岳飞、文天祥、史可法，较之霍去病、李靖、徐达之流，他们事业之一胜一败，而我们对他们的一冷一热，反而成了一反比例。然而正为此故，我们胜利了，能适可而止，失败了，能不屈不挠，再图复兴。这可证明中国人的理智能用在胜利时，情感能用在失败时。所谓"胜不骄，败不馁"，这是一种最好的国防心理，亦是一种最深沉最强韧的和平精神。中国民族能维持这几千年，绝不是偶然。

三

讲到国防，一定要讲军队，我再从大体来一讲中国历史上兵的来源和军队的制度。春秋时，中国只有贵族兵，那时仅贵族子弟才能正式武装参加军队，平民没有当兵的资格，只能做军中勤务，如浚沟、筑垒、运输、做饭等工作。战国时，开始大规模使用步兵。那时大都是募兵制度，平民遂得正式当兵。

到汉代，始有确定的义务兵役制。汉代是全国皆兵的，壮丁从廿三岁起全应服兵役。为何规定廿三岁起呢？其中却有道理。因为廿岁成丁，照理该能独立营生。中国的农民经济，通常是三年耕可以有一年之蓄，每年积蓄其生产量的三分之一，三年便可余一年粮。一壮丁自廿岁至廿二岁耕种了三年，廿三岁开始服兵役，家中可以使用他过去三年的贮蓄，无饥馁之忧了。可见当时小小一项制度的规定，也顾及民生休戚。那时兵役共有三种。一是到中央当卫兵，一是到边疆做戍卒，一是在地方见习。无论丞相之子，也一律要服兵役。当时中央政府的卫兵，数额最高有七万余人，这是由政府供养的。至于边防戍役，旅途经费由民间应役的自己担负，因此平时国家军费开支极节省。倘遇对外作战，除了正在兵役期限的以外，另有一种志愿兵。此等人，平日在家养马射箭，自行练习，一旦国家有事，报名参加，即所谓"良家子从军"。如李广一家从祖上直及其孙李陵，世代都是期望着得机会志愿从军建功立业的。

到三国时，国民兵变成部曲兵，形同私家军队。当时中央政府覆灭，地方政权亦随之崩溃，到处土匪横行，大门第组织自卫军，农民亦归附参加，像张绣、典韦等，都有他们的私属部曲。在那时，则几乎只有军队，没有农民了。有邓艾等替曹魏划策，叫军队集体耕田，此即谓之屯田。

晋代五胡乱华，五胡军队可称为部族兵。匈奴人有匈奴军队，鲜卑人有鲜卑军队，他们全部族每一壮丁都是兵。另外中国人当兵，叫签丁兵，由壮丁用抽签方式临时征发。或二丁抽一，三丁抽一，五丁八丁十二丁抽一不等。苻坚"淝水之战"，他军队前线已到安徽淮河，后方尚未出长安城，可谓浩浩荡荡，盛极无比。所以他夸说只要我军队人投一鞭，便可把长江水流塞断，安然而渡。然苻坚一到淝水边，偶而登山，隔水遥观东晋阵容，即怅然失色，称许为旗帜鲜明，自叹勿如。这为什么呢？正因当时东晋已采用募兵制，合格的壮丁始得入伍当兵，身材服装均整齐划一。苻坚军队却杂乱不齐，有各种胡人的部族兵，和中国的签丁兵，衣服旗帜、行列阵容，完全杂凑，宜乎一见晋兵，便自心怯。可见募兵制也有优点。但招募的军队，贵能及锋而试，过了三年五年，十年八年，容易衰颓。东晋北府军自淝水战胜，以迄刘裕北伐，是极盛时期，那是当时招募来的那批军队的最有用时期，但久了便不行。

到了北周，那时鲜卑部族兵已不够用，拉来壮丁又不行，募兵又要长期消耗国家军饷，遂改行府兵制。选择有家业的壮丁，令其长期当兵。有事出征，平居则自耕自养。当时户口分上中下三等九级，下等三级人是不准当兵的，只上中二等六级户口可服兵役。当了兵，一切田租捐税均豁免。北周终于凭借此府兵制度统一了全中国。

唐代因之不改，亦因府兵制度而创立下极伟大的武功。府兵是凡兵皆农，与汉代之全农皆兵，同为兵农合一，而北周、唐代的府兵制则更为合理。当兵的都有相当田地，家业穷苦的农民，不得充兵役，如是则兵员素质，无论在智识上、体格上、品德上，皆无形提高，而且较为整齐，较之募兵制度自更优越了。签丁兵不容说，中国户口盛，实在也不需全农皆兵。所谓府兵之"府"，与地方行政划开，专择战略要点设立，非边防冲要不需要用兵的地区，便根本不需要设立府兵。当时每府有一支军队，小则八百人，多则一千二百人。据统计：全国最高可能约八百府，共可得八十万军队，分配在各战略要点，实际已足够应用了。而国家则无需分文军饷。因府兵有田亩自给，中央只派几个教练官就农隙督教。及遇出征，某一府兵阵亡了，申报到政府，即由政府派人去其家唁慰，并致送抚恤金，赐予爵位。府兵都是有身家的，都知自爱，都能忠勇奋发，以此屡立奇功。将军在中央供职，无官有勋。作战时带兵赴敌，战事完了，兵归府，将回中央，亦绝没有军人干政之事。可见唐代武功和当时制度有关。

待到唐玄宗开疆拓土，一意向外扩张，府兵制度遂渐次破坏。旧例军队戍边，期满即调防回府。后因军事长期不辍，军队久驻边疆，不令回府，那府区也不认真，不另派人接防，此人只能永留不归，如是则使人视从军为畏途。同时出征军人，本都富有，上有父母，下有妻儿，遇从军出发，常携带许多绢帛私货随时自备私用。边将贪污，想法中饱，将府兵带来绢帛令其登记存库。名义上代为保藏，俟其需要用时领取。实则对有绢货人责令加倍做苦工，求其速死，以便没收其财产。这辈打仗或做苦工死的，边将也都不造具名册呈报中央，中央即无名册转到各府，军人家属犹在梦求征人平安归来。所谓"可怜无定河边骨，犹是春闺梦里人"。如此积弊一多，府兵纷纷逃亡，大好制度因此瓦解。可知每一好制度，必须有一种良好精神来维持。若精神一衰，最好的制度也要崩溃的。

唐代自府兵后改变为镇兵，即藩镇自有之兵。当时中国边防，渐引用番将，所带镇兵，亦杂用大量胡卒，于是有安史之乱。乱平后，边防节度使依然存在，各将其辖下所有壮丁尽量编成军队：每一节度使都蓄有精兵八万十万以上。再就其中挑选一万或几千人为卫兵，常驻衙内，称为衙门兵。更于卫兵中挑出二三百最精锐部队，收为养子。如是递分等级，层层统制。衙门里每日宰牛杀羊，犒劳士卒。军队马鞍、旗帜均用锦制绣花，更有加以金银嵌饰的，远望如云锦霞彩，光耀夺目。地方的全部经费，都耗在养兵上。节度使间又互通姻亲，联成一气，中央对之无可奈何。如此般的拥兵割据，各自世袭。所以唐代藩镇，实是中国历史上最可痛恨的军阀。

以后经过五代，到宋初，居然能翻身来再建一统之局，真是历史上了不得的事。若把罗马帝国末年相比，便知中国民族毕竟伟大，它常常能自找新路，绝处逢生。宋太祖杯酒释兵权，是当时一大转机，那时军人也觉悟了，经太祖一席谈，将兵权交回中央，那真是当时国家制度一极大的大革命，但亦不经流血而完成了。但那时国力已经不行，河北、山西两省，大半为契丹所据，既有大敌在前，又不能痛快裁兵，宋太祖乃在军队中挑选精锐的改编为"禁军"，余下老弱残卒，谓之"厢军"，一时不好遣散，只安放在地方上，做些苦工，这都是不能上阵的。宋代是中国历史上最穷的朝代，穷的原因，就为要养兵。宋代又是中国历史上最弱的时代，因为是募兵制，来应募的体质虽健，大多是无业游民，德性智识都低下，军队素质差了，而且募兵若久不上阵，连体质也要逐年降低。这是宋代兵制上的大缺点。但从唐代藩镇割据，吸尽民间精血来各养私兵，到宋代总算把兵队都统一到中央，这已是大不易事。若论祸源，应远溯到唐玄宗之穷兵黩武。唐没后的中国，不变成罗马覆亡后之黑暗时代，那已是宋人功绩了。

元代又是部族兵，蒙古人才有当兵资格，中国人是没份的。明太祖驱除鞑虏，统一中国，又效法唐代府兵制。他尝说："我要养百万大军，而不用民间一粒米。"那时的军队，叫"卫所兵"。小单位的军队谓之"所"，大单位的军队谓之"卫"。明代的卫所，略如唐代的府，皆与行政区域分划开的驻军区域。一卫最多有兵五千六百人，千户所一千一百二十八人，百户所一百二十人。每一兵给以若干耕地，令其自耕自给。上等的田廿亩，次等的田三十亩，荒地七十至一百亩。但卫所兵仍须纳粮，纳来的粮用以养将。有明一代武功，远及蒙古、朝鲜、新疆、安南，亦见卫所制度之效用。后经长时间的太平，卫所制度也又腐败了。

满洲入据中国，起初也是部族兵，即所谓"八旗兵"。汉人参加的军队，谓之"绿营兵"。那是有等级的。绿营兵的饷额待遇不能与八旗兵相比。到太平天国起，八旗、绿营都已腐化，全不能用了，乃有曾国藩、李鸿章等训练湘军、淮军。开始是地方团练，自卫乡里，后来成为正式劲旅。这种军队的编制，又可称为"子弟兵"，各人在自己家乡，把乡邻、亲戚、朋友招来当兵当将。长官和士兵如家人子弟般，起初很有用，但慢慢演变，结果成了民国以来的北洋军阀。这亦是一种变相的私人军队，变相的部曲兵。

现在我们试比看中国历史上的兵制。贵族兵只封建时代有，部族兵只异族入侵时有，不用多论。募兵虽有优点，但也只能用于一时，不能长久豢养。国家也不堪负担此长期的军饷。国民义务兵，欧洲直到近代由普鲁士开始实行，而中国在二千年前的汉代，已是全国皆兵了。将来我们的陆军，似乎仍宜采用国民兵制，但若能参酌北周、唐代、明代的府兵与卫所制度，那是更合理想了。签丁兵硬拉来的，当然不能用，还不如募兵。募兵又不如府兵卫所兵。子弟兵一面是募兵的变相，一面是部曲兵的变相，也要不得。可见中国历史上有强有弱，虽则原因复杂，而兵制影响也重要。现在我们在积弱之余，笼统埋怨中国文化传统，甚至埋怨到民族素质，那都是不通历史的瞎说话。

四

现在我们再该讲到的一点，便是中国历史上武装与经济的配合。中国既是一个以农业经济为主要的国家，国防武装，主要的便在如何与农村生产相调节。上面所讲汉唐两代的兵农合一，便由这一原则之要求而产生。但农业是安住的，农村是散漫分布的，而军队则需集合，需流动，尤需特别注重边疆，在此形势下，乃有屯田制度之出现。

屯田制度是一种用军队来耕种的制度。它的主要用意，在使一个临时的战斗集团，同时即成为一个平时的生产集团。武力之所至，同时亦即是财力之所达。军队推行到哪里，农业也同时推进到哪里。因此对外战争，紧接着对外垦殖。远在西周封建，其实早就是一种农民集团之武装移民。由西方周天子分封大批诸侯，圈定了一块土地，浚深沟，筑高封，中心建设一都市，当时称为国。四围开辟农田，即是封建诸侯所经营的井田。把井田的经济生产来营养都市，把都市的贵族士兵来护卫井田。当时每一个诸侯国，同时便是一个经济与武装紧密配合的单位。西周封建所面对的现实形势，本是一个农牧并存、华夷杂处的古中国。从事游牧的，乃当时之所谓戎狄；有城郭建筑、从事耕稼的，当时谓之华夏。西周封建，是把华夏农业文化深入散布到戎狄游牧文化的广辽大陆，而逐渐使此广辽大陆普遍华夏化，那即是这一种经济与武装紧密配合的生产战斗集团之成绩。

但此集团中，却显然分成贵族与平民之两阶级。都市国人是贵族，井田农夫是平民，而且那时是贵族负担战斗，平民从事生产，责任显相划分。秦汉以后之边疆屯田，乃至国外征服地的屯田，则是即兵即农，把担任临时战斗的武士，训练成平时兼事耕作生产的农民。好使这一个远在边塞乃至隔绝国外的武装队伍，可以自给自足，长期战斗，而不劳国内经济上粮食上给养。这是中国历代国防制度一大成功。这不仅告诉了我们，中国古人对政治、对军事上之绝大聪明与绝大天才，同时告诉我们，中国国民性之内在的莫大可贵的一种深厚、笃实、坚强的德性之又一方面之流露与表达。

我们只看西汉初年晁错所讲移民殖边的一切规划，便可想象到西周当年向东封建的大概情形了。这也是我们中国民族拥有深远伟大的历史经验之一例。两汉的屯田，不仅在边塞，而且还深入到国外。这是尽人所知的。东汉只为罢免了西域的屯田，才引起边塞动乱，而逐渐地蔓延到全中国。

其实西魏、北周和隋唐的府兵制，也即是屯田制度变相的运用。屯田主要在戍守边疆和控领国外，而府兵则在内地屯田。而唐代的边外屯田，北方远至瀚海都护府，东北远至百济，西北远至西域及青海，国力远扩，这是如影随形，必然不可少的一制度。

宋代积弱，其最大原因之一，便是把经济生产和武装战斗的两系统分开了。宋代禁军，分番戍边，仆仆道途，却没有在边境上扎下来屯田。宋代的厢军，只在地方充劳役，当杂差，也没有教他们耕作与生产。只因这一制度之颓废，便影响到全部国力。

明代的卫所制，显然又是屯田制度之又一番活用。这制度也直扩到边塞之四外，因此明代武功，也和汉唐相仿佛。如云南全境之开辟，断然须归功于此一制度之生效。其时南方屯田至海南，至交趾，东北曾拟屯田至朝鲜而未果。这一制度之兴废，也显然与明代国力消长成正比。

我们根据上述，正见一个国家武力之根源，必然归宿到这一国家之文化整体，与其民族性之独特优越处。不仅武力应与经济相配合，而引致富强之途径，又必与其国家民族之文化教育与国民性之深厚内在处相融结。目下的中国，正为欣羡西方之富强，而忽略了自己本国历史文化之演进意义，鄙视了自己国民性之独特优长，那真所谓南辕北辙，缘木求鱼，宜乎是要愈走愈远，愈想愈失望的了。

五

现在我们再讲一些中国历史上的将官。自古以来，中国的将官，本都是文武合一的。最高的将领大都是文人，所谓出将入相，在外立战功，回来可以当宰相。这在唐朝前期，几乎成为常例。但亦并不是以他的军人身份而拜相，而且其手下亦并没有军队，所以这也决不是军人干政，只见当时之文武不分界线而已。唐玄宗时李林甫为相，恐惧外将夺其相位，乃建议玄宗引用番将，养成安史之祸。直到元朝，始有文武官职之分。明代的铨选制度，也分为两部，文官由吏部，武官由兵部，文武遂此划分。可是一般高级统帅，仍是文武不分的。即如明清两代的总督巡抚，照理该是武职，而实际则是文臣。

说到"好铁不打钉，好男不当兵"，大抵宋代才有这句话。五代时强拉壮丁，怕其逃亡，乃在其面上刺以花纹，宋代因而不革。狄青出身行伍，后为大将，亦面刺花纹，遂使一般人看不起当兵的。纵为国家立下大功，当时人对他还是看不起。重文轻武，乃是宋朝人风气。这也因唐代藩镇造孽，处处是壮丁入伍，当兵是好行业，驯致读书人太少了。宋代尽力尊重文人，轻视武人，此一风气固不好，然亦是存心矫挽积弊，有可原谅的。

现在要讲到中国历史上许多文人随军，至今俗语相传称之为军师，这很近似于近代欧洲之所谓参谋人才。他们正式地在军事制度中设有参谋，也由近代普鲁士开始。但中国此项人才，早在战国时已出现，如齐国孙膑便是一例。到楚汉相争时的张良，所谓运筹帷幄之中，这显然是参谋的专职。因为中国土地大，一有战争，往往是大局面的，双方胜败，并不在局部阵地的进退得失上决定。因此作战必先有全盘的战略。西洋方面，直到近代国际战争，才始有通盘战局的研究。如第一次世界大战后，德国人发明的地缘政治，主要还是一项通盘战略的研究。换言之，即是大局面作战之策划。在中国历史上，如刘项之战，双方对阵，全国各地皆有接触，作战必须有全盘策略，决不是任意混战所能取胜的。所以很早就知军队该分前后方，而又知参谋人才之重要。韩信便是前方大统帅，萧何是后勤指挥，张良便是参谋部。三国时著名军事家如曹操、诸葛亮，其实都是参谋人才，非前敌统帅人才。大抵中国史上的文武不分，文人参军，都由这一需要而起。

中国历史上曾有一个伟大战略，实际并未曾应用，而详细记载在历史上的，这在安史乱时，安禄山率兵由北京越黄河攻洛阳，西向至长安，唐明皇入蜀，肃宗在临武指挥勤王师恢复两京。当时谋士李泌献计，以一支兵屯陕西北部牵制长安，一支兵屯山西北部牵制洛阳，虚张声势，使安史军队到处设防，然后以奇兵潜从绥远绕察哈尔，越居庸关，直捣北京之背，先解决了他们的根据地，这是所谓犁庭捣穴之策。倘使当时唐肃宗听从此说，安史余孽不会再盘踞河北，藩镇之祸不致拖长，也许此下中国历史也便不是如今这样的了。但肃宗说："方今上皇蒙难，不复两京，无以对国人。"遂决计先攻长安，再攻洛阳，安史兵队节节退却，河北三镇老巢，终于仍落在安史部下。即如近代曾国藩能败洪秀全，也因其有一套全盘战略，下武汉后率水师沿江东进，步步控制长江，坚守安庆，再下苏杭，包围南京，洪杨终归覆灭。

如上述，汉代之张良，唐代之李泌，清代之曾国藩，都是文人，都是今日参谋总部的人选，并不是实际统军的大元帅。张良、李泌从未亲带军队作战，曾国藩在前线，自己带军，每战必北，但亦终于胜利了。因为大局面作战下参谋人才之重要，这可说明中国史上文武不分，而且文人在军中，其地位更重于武将之内在意义。

因此从中国历史看，我总觉得中国军人之伟大。因为中国军人里面最主要的骨干还是文人，他们都有极深的文化陶冶、道德修养，并兼多方面的智识，以及政治头脑、外交风度，种种配合，绝不仅是一个专能临阵杀敌的勇将。即如上述岳飞、文天祥、史可法诸人，都是极好例证。其他还是举不胜举呀！

让我再讲到中国的军事学，且简单一讲中国的三部军事书籍。第一部要讲《孙武兵法》，我疑心此书并非吴国孙武所著，实在是齐国孙膑的书。这一部书，不仅讲战术战略均极高明，而且从人生最高哲理中发挥出一种战斗哲学，至今已成为全世界公认的一部兵事学的上上著作。

第二是明代戚继光的《练兵实纪》，他以大教育家的理论来练兵，他能配合各地方人的个性来分别训练兵种，以道德学、心理学、教育学与军事学配合，发挥出一部最上乘的练兵学，实在是东西方军事书籍中从无如此造诣的。

第三是清初顾祖禹的《读史方舆纪要》，这是一部中国军事地理书。凡中国历史上用兵所经的地方，进退攻守形势，都有详细分析。从中国三千年历史的实际军事经验来综合出一部中国的战略地理，这是一部卷帙极浩繁的大著作。日本人对此书非常重视，书内所列，无论乡村小河，丘陵小道，只要发生过军事关系的都有记载，日本人曾为之编索引，用便检查。他们侵入中国，此书即作为用兵向导。顾先生是明末遗民，他曾亲身从事革命，失败后著此书，重要在推翻一个大家一向所抱的偏见，即总认为只有北方打击南方,很少南方打击北方。顾先生的意思,只要运用得宜,任何一地都可以向外边打出,完成统一大业。此书最要用心,是要唤起将来的革命家注意,不必限于北方始可用兵统一南方。清初吴三桂,从云南起兵,到了洞庭湖,不直取武汉,是其失败主因。太平天国从广西起兵,到了南京,不全力直往北打,遂致失败。曾国藩的胜利,乃在占住武汉,始终没有丢。这些军事上的实际教训,都合顾祖禹那部书的分析。

我们只举以上三部书,即可见中国文人对于军事战略、战术、训练方法以及军事地理的研究,实在都有极高深的成就。

近代中国的国防,仍然在北方。林则徐在一百年前鸦片之战以后说:"中国大敌,并非英国,而是俄罗斯。"这话还是应验。中国北方敌人,二千年来,都被我们解决了,今天便不该无法解决。我看到西方罗马帝国,抵不住北方蛮族侵入,又看到拿破仑大兵进入莫斯科,而狼狈退却,常想起中国史上如霍去病、李靖等绝漠远征的艰苦、伟大的成功。今后应该如何保卫我们的国防,那是我们的责任了。

第五讲　中国历史上的教育

一

政治、经济、国防，当然是三个很重要的部门，教育也许是更基本更重要的部门吧？

"教育救国"，这是五十年前中国最流行的一句话。一般意见，几乎都认为教育是救国的主要途径。换言之，救国要从教育着手。可是此一观念，在最近一二十年中，却逐渐模糊低沉下去，好像今天的中国人，已经对"教育救国"失去信仰了。老实讲，一般关心国事的人，目睹今天的学校，今天的青年，今天的教师，和一般教育的实际情况，不但不再信仰"教育救国"，抑且对之有反感，至少都加以轻视。这五十年来的中国教育，从某几个角度看，实在是失败了，至少没有做到五十年前那些主张"教育救国"的人所抱的希望与理想。

说来很惭愧，我从民国元年便开始教书生涯。我从事教育界的生命，便和"中华民国"的寿命一般长。至今回想这四十年中，我们从事教育工作的人，一些也不能达到当时主张教育救国，信仰教育救国者的理想与希望。而且这四十年来的教育情况，实在是愈后愈不如前了。这哪能不深感到一种惭愧呢？但我们也该深深地反省和检讨，这几十年来中国教育界之失败，其病根究竟在哪里？我们讲教育，应该从比较广泛的看法来讲，不要太狭义，不要以为学校教育已尽了全部教育之能事。一个廿多岁的青年，从小学直升到大学毕业，当然学校教育是一段重要的过程。但从人类、国家、社会各方面广义的教育来看，我们绝不能只以学校时代年轻的一段，作为教育功能之全体。我想我们几十年来教育之失败，便失败在把教育看得太狭义了。

正为我们把教育看得太狭义，于是使教育与整个人生脱了节。一个大学刚毕业的青年，踏进了社会，便没有教育了。学校和社会并不是一回事，而家庭和学校又不是一回事。在家里并没有教育，跑进社会，跑入政府，都没有教育，只硬抽出中间一段来作为教育时期。青年一出学校，看到社会全不是那么一回事，他才感到须另求适应。至少我们今天的教育是和其他部门隔离的。学校和家庭不配合，和社会不配合，青年人和中年、老年人不配合，教育当然不能收到预期的功效。我这番意见，并不专针对今天我们的教育失败而言，我却是看了整个历史上的教训而才有所感的。总之，教育不该仅限于学校，学校教育也不该仅限于青年，这在东西双方的历史教训里，一样地真实的。

二

今天我讲中国历史上的教育，将从广义的观念上来讲，同时也如讲政治、经济般，先将西洋历史上的教育情形做一简述，来相比照。西方教育自希腊讲起，那时希腊社会上有一批所谓哲人，也有人称之为诡辩家，他们到处游行，教导青年，作为讲演及许多奇怪的辩论，造成当时希腊很坏的风气。在这样情形下产生了苏格拉底，他旨在讲述人生的共同真理，来挽救当时诡辩学派的流弊。但他实际上也却仍旧沿用诡辩派的方式，换言之，他仍是用言辩方式来启发思想，只重在求得一公认的结论而已。

苏格拉底大弟子柏拉图，他有一本名著《理想国》，里面有一节很详细地阐述他理想国的教育制度。他说："一个孩子生下地，就应该交给国家，由儿童公寓抚养，使他们认不得父母，这样才能训练成一个国家的公民。"柏拉图的理想国，主张硬性把人分为截然的几种，如哲学家、军人、商人、农民之类。政府凭借考试和测验，来分别人的天性，从青年时便指派定造成绝对相异的人物。治国的领袖则归诸哲学家，这国家便是一种哲学理想之实现。一切教育，配合到此哲学理想上。柏拉图《理想国》里还讲到公妻制度。这真是一本奇怪的书。他只讲理论，并不顾及人生个别的内心要求。但柏拉图此书，对后代西方却是影响甚深。

柏拉图大弟子亚里士多德，他阐讲教育，没有像柏拉图那般偏激。他认为一个国家的教育，要配合这国家的政治，以国家政体为重，而用教育来作为它的工具。亚里士多德有句名言，他说："人类是一个政治性的动物。"人和其他动物之最大不同点，就因为人类懂得政治，要参加政治，所以教育也该配合国家政体。此话还是脱胎于柏拉图，只没有柏拉图般讲得具体。在苏格拉底、柏拉图、亚里士多德当时，看到希腊盛行的诡辩学派和极端个人主义之流弊，他们想要起来补救，提出他们的一套教育理论，其用心未可厚非。但那时马其顿已很快并吞了希腊，希腊人也没有机会来实现他们古代西方最高最先的那番教育理论了。

到了中古时代，西方人的教育，完全掌握在基督教会的手里。基督教是一种出世的宗教，抹杀了人世间的一切来祈祷于上帝与天国，那是有流弊的。直到他们脱离了漫长的中古时期，现代国家成立了，于是开始有国民教育之兴起。这是近代国家的政府，在向教会争取民众的教育权。若我们顾名思义，真个人类教育专以国家为前提，由各一国家的政府专为养成其所需要的国民而确定教育制度，决定教育方针，这一种教育，便很可能走上柏拉图与亚里士多德的理想。

普法战争后，普鲁士威廉大帝曾说："毛奇将军的贡献，还不如我们的小学教师。"从这句话里，便可知道当时德国教育是如何地配合了他们政府的国策。因此，他们的小学教育，几乎等于是军事教育，国家是他们教育精神的最高目标。这一种教育，实在也可有极大的流弊。幸而他们这一种教育，还没有发挥到最高点。但如后来的希特勒，乃至今天的苏维埃，他们的教育方针和教育制度，那即无异于真在实现柏拉图的理想了。

西方人在教会教育与国家教育之外，还有一种个人自由与现在享乐主义的教育，那可以说是现代西方的大学教育的最高标准。这一种教育，专重在传播知识，寻讨真理，从智识真理落实到技术与职业。它所向往的终极目标，则为个人自由与现世享乐。然而这样的教育宗旨与教育方法依然有流弊。知识和职业，根本上都有它先天的不自由和不平等。人生不能无智愚，有的是天才，有的是下愚，有的则是中乘之才。同时职业必带有专门性，专门了便不自由。我今天决意做医生，就不可能再想做律师。天给予人的禀赋不同，甲适宜于音乐，乙适宜于文学。社会环境，又如此般复杂。中国俗语说："三百六十行，行行出状元。"照理讲，民主政治之下，每个人都可做大总统，但事实上，几年内全国只得有一个大总统。数十万军人，只要你有才能，有功绩，照理讲，人人都可做大统帅，但事实上，也只有一个人可当大统帅。譬如赛跑，人人有跑第一的希望，实际上，不论多少人在跑，第一名只限有一个。那岂不其他许多人，全都为来造成这个人的获得第一的么？如果只让他一人跑，也就无所谓第一了。

如果教育专讲知识和职业，对社会必然会发生两大影响：一、是使人与人之间逐渐地分离。你学工，我学医，他学法律，各不相关。二、是叫人与人尽成为比赛。每一行业里面都免不了有一个竞争，竞争中却只许少数成为杰出的，其余大多数全落后了。那么人生究为的什么呢？是不是专为陪衬旁人做跑龙套，好来烘托出一两个叫座的主角的呢？所以知识和职业教育，虽说给你平等机会自由竞争，实际上，成功的只限于一二人，失败的必然是大多数。在失败者的内心里，一定会感到苦痛，而产生怨恨。由怨恨自己而怨恨家庭，怨恨社会，变成一种忌刻心理。你成功了，我打倒你。即使我没有成功希望，也要打倒你才甘心。所以这种个人自由的教育，虽有极大贡献，也有上面所讲的病痛。西方人到今天尚不深切感到此种病痛，正为他们在个人自由教育之旁，还有宗教教育与国民教育之存在。

西方人脱离了学校，跑入社会，担任一份职业，成立家庭，担负一份生活费用。在社会上有成败，有痛苦，有沉闷。可是一到礼拜天，进入教堂，则大家全一样。上帝看人，是无分智愚成败一律平等的。人与人之间，在这时候，内心上是完全沟通了。由于此种宗教修养，无形中弥漫到全部日常人生中，这在社会风气、心理习惯上，影响是深微难言的。所以今天的西方，虽是科学极发达，总还离不了宗教。假使没有宗教，就会单走上柏拉图理想国的道路，不让个人有自由。

由上所说，今天的西方教育，大别可分三大类：一、宗教教育。二、国民教育，或说国家教育。三、个人自由的教育，即知识与职业的教育。西方是在此三项教育之配合下，才发生了他们今天教育之功效。他们教育之成功，在这三方面之配合。他们的弊病，则在这三方面中间的摩擦。苏维埃今天的教育，则专以其中的一项即国家教育为中心。个人的知识及职业，均须配合国家意旨，而宗教则根本不存在。

三

倘使我们把西方现代教育如此般分析，再回头来看中国的教育，则我们对近五十年来中国教育之失败所在，将更易明了。第一是这五十年来的国家教育，没有尽其很大的责任。这五十年来，不能说我们的小学中学教育没有相当的成绩，但国家政治未上轨道，国家的信仰未能建立，法律制度天天在摇动，所以一个青年，在小学中学里有国家，出了大学进入社会，便不免以个人为重，国家为轻了。因此中国今天的教育风气，小学生第一目标在进中学，中学生第一目标在进大学，大学生第一目标在获得出国留学的机会，如此便成了一种赛跑式的教育，这是一种个人主义的机会比赛。

在今天，一百个中学毕业生，最多能有十人进大学，其余九十人全失败了。假使我们留心这九十人的心理，他们总觉得这是人生一憾事，而暗暗地在其内心郁存了一个没有解开的结。他们对于成功者，从其内心里并不感到佩服，认为这是机会，是幸运。即使留学生回国，也仍在机会的比赛中，真能找到适合理想工作的，亦还是凤毛麟角，其余也都失败了。中国近五十年来的教育，就走上了这条路。于是一般青年，不是颓唐消极，便是过激破坏、种种不满意。

一个人不怕生长在穷苦的家庭里，最怕是生长在只有父亲没有母亲，失了温暖的家庭，容易造成他孤僻反抗，不近人情的脾气。今天的中国青年，都像失掉了母亲似的。难怪他们有许多坏脾气。西方社会的母亲就是耶稣，耶稣能够给他们温暖，安慰。一逢礼拜天，进去教堂，人与人之间，从其内心深处，获得了沟通。日常竞赛的成败优劣，在教堂里全停止消失了。每一人在晚上，还可以向上帝祷告，祈求上帝了解他，抚慰他，目前虽失败，将来一样可以进天国。所以说到西方最理想的个人自由，实在莫如信仰上帝。耶稣的十字架，便是西方社会个人自由的最高标记。纵使在当时，尽人认为耶稣可杀，但耶稣个人的自由精神，可以直接接触到上帝，可以获得上帝的爱与救。耶稣的内心，还是胜利，还是满足了。

人生在世，国家有法律，社会有风俗，职业有固定，自由是有限的，平等则更有限。人人祈求向上，而人人不免落后。人世间不可能满足每个人向上的希望与理想。人的智慧有愚智，体质有强弱，家庭经济有贫富，投入社会，又有多样复杂的不同环境，人好像生来就不平等，不自由的。学校教育若仅是鼓励个人上进，仅注意到让每一人都接受知识和职业技能，而没有注意到每一人的可能的失败，及其内心情绪上的真实苦闷，这单方面的教育，又何能达到其理想的效能？

倘使此五十年来，中国政治上轨道，经济有基础，在这样的单注重个人自由竞赛的教育风气之培植下，中国也一定会走上近代西方帝国主义的途径。大家的竞赛精神，没有痛快发泄，便鼓着向外冲。日本便是一好例。若无向外冲的可能，则必回头向里，便易造成社会内部的斗争情绪。情绪到了需要发泄的时候，是不问理论的。我们该注意疏导时代的情绪，这就应该注意到广义的、多方面的、全人生的教育。

中国今天还是只知有单型的一条线的短暂时期中的教育。在政府的意想中，只知有国民教育的重要。但在社会人心的实际反映上，却是一种个人主义自由竞赛的机会教育在鼓荡。中国人进小学，进中学，都是别有用心，都想借了国家教育的机会，来爬上他们个人自由教育的前程，趋向求知识、谋职业的道路去各自奔竞。如是则使人生只有斗争，只有分离。而社会上也只有聪明强壮的成功，不管愚笨病弱的失败。尽他们痛苦，怨恨，忌刻和反抗，教育是不负责任的。于是中国的现代教育，不仅不见有成效，还更发生了许多反作用。

四

现在我们再回头来，从中国历史上看中国自己传统下的广义的教育吧！中国文化，是一向看重人文精神的。世界上任何一民族，没有把教育看得比中国更重。中国任何一派学术思想，莫不以教育哲学为其最高的核心。中国任何一学者，几乎全是个教育家。尤其是儒家，尤其是孔子。孔子和儒家所尽力发挥提倡的一种教育思想，和上述西方三大教育派别各不同。孔子和儒家，是最看重道德教育、人格教育和文化教育的。他们创造了中国社会里"士君子"的教育。士指受教育者而言，君子则指从教育陶冶中所完成的理想的道德人格而言。

这一种教育之内里，便包含着一种宗教精神。而这种宗教精神，和西方的宗教精神又不同。儒家不主张教人出世，而教人即在此世做一个圣贤人。所以说这是道德的，人格的，文化的。"人皆可以为尧舜"，这是中国儒家传统教育精神之最高理想与最高信念。即此便足给予每个人以莫大的鼓励。多方面的人，在各自一条生活线上，同时有成功，也有失败。但儒家这一理论，即道德人格之尊严，使每个人感觉到都站在平等地位上，都尽自由地可能有成功，可能得满足。这一精神，在中国社会有其极大的功效。它可使人人内心同样得到安慰与满足。

西方社会最尊的是牧师，是耶稣。中国社会最尊的是"先生"，即师，是"圣人"。孔子则被尊为至圣先师。耶稣的背后是上帝，孔子的背后则是中国人所谓的道。因此中国人常说："尊师重道。"历史上从来都如此。道寄托在师，在"先生"，在士君子的身上。西方人的道，是耶稣出世之道，由上帝那边来。中国人的"道"，是现世眼前的"道"，由孔子来。也可说是从人人天性中来。中国人骂人说："你这个人不讲道理。"这在中国人认为是对人最侮辱的话。中国人看"道"，是高于一切的。因此从道来看世界，则一切无分高下，都属平等。虽高贵如皇帝，亦要尊师重道。在孔子庙堂里，在孔子教训下，皇帝和百姓都平等了。故说儒家教育，其精神和效用，实可比拟西方的宗教。

西方人因有他们的宗教，故可推行他们近代的国家教育，而不致有什么流弊。我们没有像西方般的宗教，如果抹杀孔子，专讲国家教育，则皇帝大总统便成至高无上。人无疑都是一样的，相差不过在"权"与"位"，权与位由竞赛而得，得到的必然是少数，得不到的必然是多数。没有宗教教育而专来推行国家教育，其势必走上极权政治，其势必引起普遍的不满情绪。

中国自古以来，政治所代表的是法统，教育所代表的是道统，道统远超乎法统之上。政府官吏是遵守法统的，士君子是宣扬道统的，而士则由儒家精神中培植而来。孟子有一天要去拜访齐宣王，恰巧齐宣王也有事要找孟子，派了一个人来请。孟子说他适有病不能去。孟子随即故意出外访友。门弟子询问孟子："先生本有意访王，何以王来请，却又推病不往。既推病，却又仍出访友？"孟子说："人生有位有德有寿。齐王位高于我，德未必若我，年龄又低于我，我不能受其召而往。"孟子是要保持道统尊严，不屈抑于法统之下的。汉高祖统一了中国，路经山东，首先到曲阜拜谒孔庙。东汉章帝为太子时，张辅为太傅。后来帝即位，巡狩泰山，路出东郡，当时张辅为东郡太守。帝到，太守自当迎接。章帝说："今天我们相见，应先行师弟子之礼。"于是张辅上坐，帝下坐，执书请教。然后再改行君臣之礼，帝上坐，太守谒见，报告政事。这是代表法统尊严的皇帝，自己屈抑在代表道统的师之面前的随手偶拾的两个例。像此类事，充满在中国全部历史中，只是说皇帝要做人，也要讲道德，也要尊崇人格尊严，就也得要尊师。

汉末佛教传入中国，那时孔子之道便衰了，宗教精神凌驾在教育精神之上。东晋南北朝时，又引起一新争端，争的是究竟"沙门该不该拜王者"，这仍是道统与法统之争。和尚（沙门）是传道的，并非皇帝下属，故不该拜王者。逐渐地王者亦信受其道，转变成王者要拜沙门。梁武帝不必说，即如唐太宗，也要礼拜玄奘法师，尊为国师。玄奘是传道的，玄奘便该为师。唐太宗仅是一王者，王者仅是守法的，哪得兼为人师呢？哪得与师比尊呢？因此遂激起韩退之"辟佛""尊师"的诤议。他说："师者，所以传道授业解惑者也。"授业解惑，是指智识教育、职业技能教育而言。传道才更是师之真职分。韩愈所争的是道在孔子，不在释迦、老子。释迦、老子道其所道，非吾所谓道。道不在，因此亦不得为人师。

那时佛教也另有一套理论，他们说："人人可以成佛。"正如中国儒家所说"人皆可以为尧舜"一样，故中国人较易接受。可见中国人传统的道统观念是人文精神的，因其是人人有份，所以才是道。尊道崇道，只是尊崇人。人的尊严，在道德人格上具体呈露了。在师的位分下具体代表了。耶稣教来中国，便不易如佛教般容易为中国人接受。因上帝只此一位，耶稣也只此一位，并非人人皆可为上帝，皆可为耶稣。耶稣教人获得满足的在出世，在身后，人人可登天堂，可接近上帝。而中国人教人获得满足的即在现在，在当生，即在其本身之现实生活上。故说中国文化是重人文精神的。因其看重人文精神，故必说人皆可以为尧舜，佛教僧徒改口说人人皆可当身成佛，不必再待出世与来生，这才变成了中国化的佛教，这是中西双方宗教精神和教育精神之相异点。

一到宋代，佛教衰微了，又是儒家精神、士君子精神之复活时代。那时的中国人，不再想做佛菩萨，仍想做士君子、做圣贤了。这时期最伟大的人物，首先允推范仲淹范文正公。当他为秀才时，他并没有担当得国家大任，但已经在其内心以天下为己任。他曾说："先天下之忧而忧，后天下之乐而乐。"这正充分表示出士君子的传道精神与宗教精神，即是道德人格之真实尊严。后来范文正率军到陕西，有一位十八岁青年张横渠先生，上他一本有关军事计划的万言书。范文正立刻召见，勉慰有加地说："你正当青年，应该多读书求道。这些事暂不要理会。"因赠予《中庸》一册，这是先秦儒家讲人生最高哲理的书。张横渠经此鼓励，从此闭门折节求学，卒成一代大儒。他后来尝说，一个人当"为天地立心，为生民立命，为往圣继绝学，为万世开太平"。我们细细体会范文正和张横渠两人的话，我们可以想见中国人之所谓道，不是为自己打算，而是为别人，为大众，为天下，乃至为后世打算。所以说它是人文精神。抱负这种精神的，先该牺牲着为个人自己的打算，所以说它具有宗教精神。因其不主张出世，所以不全是宗教。因其不主张为自己打算，所以说它有宗教精神。这是中国传统教育精神之最高意义，在宋代士君子身上又具体复活了。

王荆公名满天下，宋朝皇帝请他教读，王荆公要求自己坐讲，皇帝立听。人问之，对曰："我坐而讲，皇帝立而听，我并不是要皇帝尊重我个人，是要皇帝尊重我所讲的道。"中国人讲的道是代表现世大众、天下人类的，皇帝哪得不重道？师代表着道，所以要重道，必得要尊师。此后程伊川做经筵讲官，也是要坐而讲，皇帝立而听。这些事，依然是中国人在力争道统应该尊过法统的传统意见。

但我为什么要不惮烦地来反复讲述这些事呢？这些事，现在说来，似乎与时代隔远了，或许我们听了会不感得兴趣。但我们该知道，任何一个社会，定要有大家共同尊崇的一些对象，这社会才能团结存在。这大家共同尊崇的对象，才是教育的最高精神所寄托，所凭依。

西方人大家敬重耶稣，苏维埃大家敬重马克思、列宁，现在中国，这五十年来，却缺乏一个大家敬重的共同对象与共同中心。于是在银行服务的只知敬重银行行长，在医院服务的只知敬重医院院长，这社会自然会四分五裂，必然会引起派系争端。中国这五十年来的教育，似乎只是教小孩子读书识字，教育年轻人谋求职业，不是在教整个的人生，不感得需要一个超乎一切的最高中心，共同尊崇的最高对象。如此般的社会，哪能不各有距离，又哪能从其内心深处获得互相沟通？试问这样一个分崩离析的社会，又如何得团结凝聚？

我们必得要求有一个最高中心，为大家共同尊崇的最高目标与最高对象。这一个对象，为人人所共同情愿向之低头而受教的。但这个中心与对象，却不该把政治上的最高权威来充当。同时这一个最高的目标与对象，又须人人可以走得到，人人可以爬得上，否则岂不变成了一个专用来压迫人的东西吗？此在中国，便是人皆可以为圣人的道理。圣人只是一种人格尊严，而这一种人格，又并不是什么难做的，却是人人能做的。我做一件事，若让旁人做，也只能如我般，不能比我做得更好些，即使圣人来，也只便如此，那我便即是圣人，就是第一等人，就获得了我的人格尊严。这不从智识讲，不从才能讲，只从心地讲，只从道德讲。只有如此，才能人人自由，人人平等。

设使叫我做一个数十万大军的统帅，我才力智谋有不能，那是无可勉强的。但如我做一小兵，我勇敢地服从命令，忠诚地牺牲生命，那在我是没有什么不能的。然而我已尽了我的责任。就小兵论小兵，也有这小兵的人格尊严，那小兵便是一圣人。因为任何圣人来当此小兵，也只能如此小兵般当，圣人不能比我当小兵更当得好些。当小兵是我的职分，如何当却是我的道德人格。圣人只论人格高卑，不论职分大小。天地间只要不能没有小兵的职分，那如何说当小兵的便不能就是圣人，就是第一等的人呢？明代王阳明先生，发挥良知之学，后来说成"满街都是圣人"，简言之便是此理。

中国人崇拜道德，崇拜圣人，连皇帝在内，也该同样地向圣人和道德人格崇拜。因此有时，皇帝该崇拜一小吏，大统帅该崇拜一小卒。满洲人进中国，是极端专制的，但也不敢违背此理。他们一面崇拜孔子，一面又崇拜喇嘛。拜孔子，用来拉拢汉人。拜喇嘛，可以拉拢蒙、藏民族。若只教崇拜满洲皇帝，他们也不能维持两百余年的政权。但毕竟中国的圣人高过了蒙、藏人崇拜的喇嘛，因为圣人是一种人格尊严，人人可做，那才是最自由、最平等、最博爱的，有当于人心所共同要求的；可崇拜、可敬仰，可奉为教育最高理想的合理的对象。

五

今天的中国人，连当年满洲人的智识也没有。今天中国教育精神上所最缺乏的，若比拟西方来说，不是国家教育，也不是个人自由的知识职业教育，今天中国仅缺少了宗教教育。

说到这里，我还有一个意见该陈述。我们总该以文化来领导政治，不该以政治来领导文化。教育是代表文化的，不是代表政治的。或许有人说，此后中国的教育，应该积极提倡个人自由。但个人自由该有限度，否则必出大毛病。西洋人讲个人自由，有两大限度。一是不超过国家和民族，一是不超过上帝和耶稣。因此他们讲自由，可以没有大毛病。也有人说，此后中国的教育，应该以国家民族为前提。但国家民族是空洞的一句话，谁真代表着这国家与民族呢？若把政府来代表，这便要走上极权。若说代表国家民族的是平民大众，我们正为要教育平民大众，又谁是代表此平民大众的呢？说到这里，只有这一个国家和民族的历史与文化，此即中国人之所谓道，才是真代表了国家和民族的。中国此后的教育最高精神，必然要向自己国家民族的传统历史文化中找求，这是无可怀疑的。

今天的中国人，往往不探本而求其末，所以要在小节处吹毛求疵，打倒历史，打倒文化，打倒一切传统。教育的大纲领、大精神，永远没有能提出来，那确是一件最大危险的事。知识愈发达，人生相互间的距离愈远，竞争愈烈，则人生之痛苦愈深。个人愈自由，将愈不平等，社会将日见其不稳。中国人所讲的道，便是稳定社会的基础。中国社会今天正缺乏此一稳定基础，而仅知专从教育制度或教科用书上求改进，拼命抄袭西方，那是缘木求鱼。当前的最大问题，仍在如何重建这一个"道"，即重新发扬我们的历史文化，重新提示出我们一向所看重的人格尊严和道德精神。

这事并不需得我们来悲观。唐末藩镇割据，接着五代十国，在中国历史上，是一段最黑暗的时期。宋初建国，未到百年，便出了两个大人物范文正和胡安定。范文正是中国一伟大的政治家，胡安定是中国一伟大的教育家。范文正幼年丧父，其母再嫁，他借读僧寺，穷无以生，但仍毅然以天下为己任。其人格精神，可谓崇高伟大。胡安定江苏人，曾在泰山半山腰一个道士观里读书，他每逢接到家书，上有平安二字，即弃投涧水，恐开读了乱其向学之心。他在寺读书十年，才从黑暗中获得了光明。范文正聘其办学，不数十年，中国新时代降临了。此下宋代的风气和人才，便由他两人提倡培植起来。这比西方中古黑暗时期的一辈基督教会的教士所对人类历史文化的贡献，是有胜无愧的。这是我们今天的榜样。

好了，让我总结这一次的讲演吧！总之，一国家，一社会，必须具有一共同信仰共同敬重的"道"，而此道又必是整个人生的"道"，既不偏政治，也不偏科学，也不是偏在人生中某一部分的。若今天有人能发明这个"道"，其人便是新孔子、新耶稣。人同此心，心同此理，人人自会崇奉他，信仰他。若果今天没人发明得新的，从前孔子讲的道，在我们中国讲来并不错，我们不该轻易喊打倒。空喊也没用。我们该回过头来，细心体味，再五体投地地崇拜奉行，如此才始谈得到教育。

第六讲　中国历史上的地理与人物

一

我们若譬喻历史是演戏，则地理就是舞台，人物就是角色。现在我们来讲中国四千年第一本大戏中的舞台和角色。

西洋史很清楚，开始是希腊人有希腊史，以下是罗马人有罗马史，近代则各国有各国史，如英国、法国、德国史之类，亦即分别记述了英国人、法国人、德国人在英国、法国、德国土地上的表现。

讲到中国，自古迄今，就是中国人在中国土地上表演，好像很单纯。今天我们试拿读西洋史的眼光来读中国史，中国土地之大，即等于一个全欧洲。我们若分开地区来看，就会在历史上发现很多新花样。

最早的中国，并不和现在中国般，那时的活动范围，只限在黄河流域一较狭小的地区。古史传说中之神农氏，大概只在今河南省的西部，黄帝则像在今河南省东部，活动范围都不大。唐尧、虞舜，便在今山西省南部，龙门下黄河南套的东北面，在同蒲铁路的南端。夏、商、周三代的活动中心，也不过在今天河南、山东和陕西省东部，山西省南部，及河北省的一部分，最多达到汉水上流和淮水北部，要之是一个不完全的黄河流域。

中国史上摆开一个大规模局面，要从春秋时代起。那时一般的文化经济，可以东西划分。黄河流域上游，即西部（实在是中部，今陕西河南一带），则文化经济较差。黄河下游东部，文化经济较盛，都在今山东境。代表着西周新兴的正统的，这一区以齐、鲁为主，向西为宋、卫，在今河南省东部，还算像样，这一半代表着殷商之旧传统。再西为山西省南部的晋，河南省中部的郑，文化经济均已差。再向西到陕西，为文化经济比较最落后的秦。向南为汉水流域的楚，这在春秋时期，还被视为蛮夷。至于长江流域的吴、越，直到春秋末期才突起，但到战国时又没落了。那时长江水道上下尚无交通，从吴到楚的交通线，并不是顺江东下，而是经皖北沿大别山脉至河南信阳，再衔接到汉水中流的一条陆路。再看北方，战国初期，燕、赵文化较落后，要到战国中晚始像样。所以黄河流域乃中国古代文化经济最主要的中心。

秦代统一中国，辖地已同现在差不多，但其实际中心，仍在黄河流域。汉代继续建都长安，因西方经济不足维持一个中央政府的需要，常要从东方大批运粮接济。那时的漕运，则全指的黄河而言。东汉建都洛阳，多半亦为迁就经济现实问题，可以避免大量物资由东向西运转上之耗损。洛阳和长安,始终成为古代中国的两大中心。直到三国时代,长江流域才正式跑上中国历史舞台。那时所谓魏、蜀、吴三国鼎立,吴、蜀地盘扩充到南方。但人才还都是北方人。即如刘备、诸葛亮,亦均为北人南迁。三国并于西晋,还是黄河统领了长江。

直到东晋南渡,建都金陵,长江流域始获有中国历史上的正统政府,但这是一个偏安的,不是一个统一的,而且仍是北人南移,不是由长江流域人所经营而建立。直从三国时代的吴,以至东晋、宋、齐、梁、陈,合称为六朝,都建都南京,这是一个金粉朝廷,大体上只是北人到南方来偷安享乐。南北朝时代的北魏,称为北朝,与南朝宋、齐、梁、陈对峙。当五胡时,洛阳已经残破,人民都向四周移动。一部分南迁长江流域,另一大批东北逃出热河山海关,移向辽东。又一大批西北迁避到黄河西岸甘肃、宁夏一带(即当时的五凉)。以后此两大支,又集合起来依附到北魏,奠都平城(在今山西之大同)。到魏孝文再迁洛阳,不久又分裂。长安与邺(大名),分为东西两魏。

此后隋唐统一,才始恢复以长安、洛阳定为两京的周、汉旧局面。长安因中央政府所在,户口稠密,文武百官集中,关内粮食不够供给,仍如西汉般由东部大量向西运输。政府为要撙节此一部分运输费用,采取移人就粮的办法,一年中几个月驻节长安,几个月移居洛阳,这样来迁就事实。

大家知道,隋炀帝开浚运河,自开封到徐州,再由徐州南下直到扬州,在先是军事性质的由北侵南,在后则是经济性质的由南养北。在开封以上到洛阳的一段,是和黄河并行的汴水,原来很早便有的。但开封以下的水道,也并非隋炀帝所凿。三国时曹操率领水师攻东吴,即由洛阳到开封而至皖北,回师时绕道徐州,全路程都由舟船水道。魏孝文亦曾有心利用此一段水道来输送军粮,控制南方。隋炀帝不过把此一段连贯南北的原有水道加深加阔,重新整顿,使中原水师可以顺流直下,径抵江边。在先是为了便利军事,以后则转落到经济目的。南方漕运,即由此转输洛阳、长安,来给养这一个大一统的中央。

此下安史倡乱,北方经济开始崩溃,更须仰给南方。中国史上的经济比重,实要到唐代安史以后,才开始有南重北轻之势。唐代漕运数字,历史上均有详细统计。那时每年运送中央的米粮,在玄宗天宝年间,以河南、河北为第一位,关西、河东(山西)为第二位,淮南、江南为第三位。自经安史之乱,北方藩镇星罗棋布,都要养兵十万二十万以上,军队要俸饷,装配又讲究,所有税收,都被截留,不解中央。当时的中央政府遂不得不全靠江南税收来维持。足见当时黄河流域的经济也并未破产,只为各地军阀全浪费在武装上去了。

五代十国几达一百年的长期扰乱,北方黄河流域才正式趋向衰落,南北经济比重更见倒转,此一大转变,直到宋代始确定。宋代建都开封,其最大原因,也为便利江南米粮北运。若从开封再运洛阳,又要增加数百里水程,于是宋代政治中心,才始脱离了周、汉、隋、唐以长安、洛阳作为黄河流域一椭圆两中心之旧形势，而转移到开封。开封是中国东部的南北中心，但地势平坦，四周无险要屏障，乃一四战地区，迁就了经济打算，折损了国防计划，所以宋朝始终成为一弱国。

元代建都北京，此系辽金旧都，那时全部经济更多取给于长江流域，遂开始采用海运，由天津入口，经白河，运北京。这海运的源头，便是一条长江，江浙是第一源，江西是第二源，两湖是第三源，这是太湖、鄱阳湖、洞庭湖三大水库之所钟。大水库四周，即是粮食盛产之所，亦即南方经济命脉所在。元代在此三个湖区所征粮食，几占全国粮额三分之二。

明代不用海运，又另辟一条运河，自扬州、徐州直北经山东、临清而抵天津。这一运河开挖并不省力，所经地势有如桥形，两旁又没有水源，水量多半要靠地下泉。水流要赖闸门开闭来调节，那是极费工程的。天然的凭借少，人工的诱导多，那条运河工程之伟大，实不下于古代的万里长城。

我们现在常说：长江下流太湖流域是中国经济最富庶的地方。可是在历史上，唐以前的经济全在北方，六朝时代南京的食粮，还要靠武昌方面运来，军队大部驻扎在荆襄一带，苏南则还是渔泽之乡。唐代财富逐渐转移到江南，但更重要的是江南西道，而非江南东道。唐代分全国为十道，江南道又分为东西，东道即现在之江浙，西道即现在之江西省。明代经济中心，才再从江西移到江东。那时分为南粮北粮，北粮只占全国五分之一，南粮却占五分之四。其中苏、松、常三府即占有三分之一，苏州一府田赋超过浙江全省，松江一府已抵江西省之一半，常州一府即超过两湖半数以上。

清代乾隆十八年的田粮统计，南粮占八分，北粮仅占二分。乾隆四十四年统计，南粮收入已达北粮之十倍。明清两代屡为此种赋税不平衡提出呼吁，直到曾国藩做两江总督，李鸿章做江苏巡抚，仍还上奏为苏、松、太三府人民请求减租。这三府田租较元代增加三倍，较宋代增加了七倍。这三府田租也比常州府多三倍，比镇江府多四倍，比其他各省多十倍数十倍不等。大概统计，明清两代，苏州一府的田租，比唐朝该增加了五十倍之多。

一面是赋税偏重，另一方面则现出经济偏枯。中国历史上以汉、唐为最强最富时期，但那时却全部靠黄河流域，不靠长江流域。可见古代历史上的黄河，是中国之利，非中国之害。所以中国文化，大部分由黄河流域人创造建立，长江流域人，仅居承袭发展之功。平心而论，中国历史宋以后，实不及宋以前。至少辽、金、元、清四个朝代打进了中国，即十足暴露了宋以后中国历史之弱症。我曾跑到山东曲阜拜谒孔子庙，参观碑林，所见是金、元、清三代皇帝的碑多，中国皇帝的碑少。孔庙是中国二千年传统文化最可纪念的圣地，我们只一看那里列代皇帝所立的石碑，便该有所感慨警惕了。

再以人物论，唐以前大皇帝、大政治家、大学问家、大军事家、大文学家、大艺术家，一切有名领导人物，十九都是北方人。宋以后始有南方人跑上政治舞台，由南方人来领导中国。学术上的重心，也渐渐转移到南方。然而宋以后的中国，便远不如宋以前，这一层是研究中国历史很值得注意的。

中国从古代起，经济上很占地位的是养蚕缫丝。今天讲蚕丝，大家很容易联想到太湖流域，实际上唐以前中国的蚕丝事业，发达在黄河流域。唐代有一将军率军驻扎江苏，他因南方人不懂栽桑养蚕，即募大批北方女眷配合驻军，来指导江南人的丝织事业。五代十国时，石敬瑭割幽蓟十六州，认契丹为父，每年送绢三十万匹。石敬瑭当时所据地区，只限于黄河流域，但他还有力量年送绢三十万匹之多。到元代，山东馆陶县虫灾。四十万棵桑树被害，也许当时植桑，用来取皮造纸的多，但馆陶一县即有桑四十万棵，也可想见那时北方蚕丝事业尚未完全衰落。直到明清两代，丝绸始全部盛产于南方。

另一件是陶瓷工业。大家知道中国瓷器开始流传到法国，几乎和黄金比价。宋代最有名的瓷，如定窑，在河北定州烧铸的。汝窑、柴窑，都产于河南省。那时江南有名的，只有浙江处州的龙泉窑、哥窑，江西景德窑还不发达，但是今天大家只知道景德窑。

主要的经济转移关键在农业，主要的农业转移关键在水利。宋以前的江苏省，从苏州到昆山，还都是水泽，没有陆路交通。宋朝有一位水利工程师，开始设计在苏州、昆山间筑成堤岸，这是历史上有名的至和塘。在今京沪铁路所过，苏州、昆山一带，在宋代还是一片汪洋。它的地理形势，有些似西方的荷兰，陆地比海面低。少水固是害，多水也一样地受害。那一带的水利兴修，自五代十国的吴越，开始急激猛进。从此江南的农业经济，始焕然改观。若我们在飞机上下瞰这一带的河流排列，沟洫灌溉，极错综，又极整齐，那都是人力，非天然的。这一种的水利工程，很值得我们注意。

我们也尽有理由来推想，在古代的黄河流域，一定也相似于江苏太湖流域般，水利发达，因此农业亦发达。后来水利逐渐衰败了，河流都干涸，农业逐步衰退。今天黄河成灾，却也是人为的。最近几十年，长江流域也逐渐发生水灾了，连太湖流域也时有灾荒。如再继续下去，水道不加疏浚，长江也可能为黄河之续，那亦将是中国之害了。我们该知道，从来没有一块地，天然就只给人类以利的，都得经人为改造，才能日见其利。

古代中国的经济中心在北方，人才也在北方，所以北方地利有办法。近代中国的经济中心在南方，人才也在南方，因此南方的地利比较有办法。今后假使我们不注意这些问题，长江流域也会变成没办法的。换言之，若使我们能注意到这些问题上，北方也依然有办法。

二

我们再从经济讲到文化。有些地方文化发达得早，有些地方文化发达得迟。譬如珠江流域广东一省，在唐代只出了一个宰相张九龄（曲江人），福建省直到唐代韩愈时，始有第一个大学生进入太学，可见那时广东、福建的文化，既不及长江流域，更不及黄河流域。宋明两代文化学术最活跃的在江西，江西人掌握了全国政治文化上的最高地位。今天的湖南、四川人，很多由江西迁去。江西在宋以后，比较上是南方中国的人文中枢。要到明代下半期，始是江浙人兴起。到清代才有湖南、广东、广西、云南西南地区人跑上政治舞台。

德国史学家斯宾格勒氏尝说："文化发展到某一阶段的最高峰，必然会衰落。"若把欧洲看，希腊转向罗马，再由罗马转向英法诸邦，今天英法诸邦又开始转向衰落，似乎斯宾格勒的话证验了。但中国则不然。中国地方大，因于文字统一，语言也比较统一，思想文化亦随之统一，此与欧洲不同。因此，黄河流域衰了，转向长江流域继起新生，只成为内部变动，大传统还是个中国。所以我们觉得欧洲史变化大，中国史变化小。这由我们的祖先，替我们先建立了一个大一统的版图，不像西洋各国此起彼落，都局促在小圈子里。

一个国家强盛兴旺了几百年，盛极必衰，必然要起变化，好像是自然安排给人生的悲剧。正如一个人到了四五十岁以上，学问深湛了，经验丰富了，意志也坚强了，可是身体却衰退了。一个社会安定了好些年，也同样地一定要动摇，要发生变化。魏晋南北朝是中国历史上衰乱的时代，一大批人移居到长江流域，一大批人去到辽东，一大批人分散至河西，文化政治传统中心的洛阳，正如一阵飓风的旋涡中心，空了。驯致铜驼荆棘，疮痍满目。但向四外奔逃出去的人，却在新环境里获得了新生命，慢慢转回来，再凝结，便形成隋唐的统一。

这种中国历史里的新生机运，专治西洋史的人，不易了解。因为他们是多元的小单位，而我们则是一元的大单位。若说希腊完了来罗马，罗马完了来近代西洋，他们的文化也还是不断新生，那是无所用其悲观的。但从小单位看，我们单看希腊，单看罗马，单看现代的英法，便不免要有斯宾格勒的悲观意想。但我们若把斯宾格勒的悲观来看中国的前途，那又错了。

中国各地区的文化兴衰，也时时在转动，比较上最能长期稳定的应该首推山东省。若把代表中国正统文化的，譬之如西方的希腊般，则在中国首先要推山东人。自古迄今，山东人比较上最有做中国标准人的资格。他们最强韧，最活跃，大圣人、大文学家、大军事家、大政治家各种伟大典型人物都有。既能平均发展，还能长时期维持不坠。第二才推河南、陕西、山西、河北人。至于江、浙、闽、粤人，大体上说，气魄不够雄伟，仅赖北方中国祖先余荫，实不足代表中国人的标准风格。目前的中国文化，则都集中在东北从辽东以迄西南达广东的沿海一条狭边上，愈向内，愈黯淡，直到西北边宁夏、蒙古、新疆、西康、西藏，至滇缅边境，我们一概置之度外，不加理会。如一个大瓜，腐烂了大半个，只剩沿海一线，则只是一层薄皮了。

西方文化，从历史转动趋向言，先由希腊转到罗马，再从意大利移向西班牙、葡萄牙、荷兰、比利时、法兰西、英吉利、德意志，而到今天的苏维埃，大致是由小地面移向大地面，由温带移向寒带，由低处向高爬。希腊是小区域的温暖地带，德意志、苏维埃是大面积的高寒地带，这是西方文化的地面动态。在中国呢，这一趋向却恰相反。从黄河流域，以长安、洛阳为中心的渐渐移到长江，再由江浙移趋闽粤，正是由大地面移向小地面，由高寒地带向低暖地带滑下。西方如逆流而上，中国则顺流而下。这一对比是极可注意的。

只为中国地方大，经一次大变乱，人便向四面跑，旧文化移殖到新园地上，又产生出新生命。中国历史上每一次大乱，同时总留有几块干净土，留作新文化的处女地。让旧的人才移植，让新的生机萌动。你若游历全国各城市，各乡村，各名胜，到处有历史遗迹，到处有文化纪念。即如山西大同，在南北朝北魏时候，那里是政治文化中心，曾集结了很多人物，军人、学者、政客、僧侣，都有出色人。这些地方在今日，是荒凉不堪了，仅作为我们凭吊之区。若大同是单独的一个国家，单独的一种文化，那是斯宾格勒的话确实有验了。但在中国，各地区的盛衰兴落，无害于大系统的文化之贞下起元，层出翻新。因此中国文化是劲气内转的，它能单独跳出了斯宾格勒文化悲观论的圈子外，而继续生长，欣欣向荣，机运不绝。但从大局面上，中国文化之从大处高处冷处转动到小处低处温暖处，常是顺溜地滑下，不能奋力地翻上，那却是中国文化演进值得悲观，至少是值得警惕呀！

三

我在对日抗战期间，曾为此意，写过两篇文章，主张抗战胜利后，国都决不可再设在南京。江浙沿海一带，虽是今天经济文化之重要地区，一切人才集中，然而像一树繁花，已经开发到烂漫极盛之时，快该凋谢了。我们从历史教训上，早宜积极寻找新生命，诱导成新力量，决不当苟安姑息，只顾目前。而且一个国家，也断不能使其内部显然有两种形态之对立。

民国二十六年我由洛阳而长安，游览西北，一路看到许多农村社会的生活情况，已觉得中国大乱之将至。正如天空的气候，一边太热，一边太冷，双方酝酿，一接触后必然会发生大旋风。中国的内地西北和东南沿海，在同一家之内，却存在有两个绝不同的社会，经济文化太过悬殊，这真是一大问题。近代中国人只知沿着顺势，向东南沿海跑，这因东南沿海有许多引诱我们的东西。可是黄河中上游，大陆西北，荒芜已久。但那地方人民的血液，还是我们古代汉唐的遗传，本质上并不比东南沿海的人差，或许会更好些。若我们能从经济文化上再加培植，再加开发，一定仍能到处发扬我们北方祖先宽宏的气魄，雄伟的精神。这是找寻我们历史文化新生命的主要路向。我们的文化新生,决然当由我们内部自身来,不可能从外国西洋来,这是很显然的。

当时我第一篇文章,即主张抗战胜利后应建都西安。我认为一个国家的立国精神,应该走逆势,不可走顺势。正如个人般,应努力向上,不该顺势滑下。中央政府在南京,全国知识分子、经济力量都集中向东南,西北本已荒废,再加东南引诱力一拉,将更没有办法。在先是半身不遂,若不根治,到后必然会全体麻木。假使建都西安,由中央政府的领导,知识分子、经济力量,便可倒拉向那一边,逐渐移回一部分,好让两边逐渐得平衡。汉唐立国,便是如此般由东向西倒拖的,此刻则当由南向北地逆转。我写此文后不久,美国华莱士来中国,他自新疆入境,他遇见中国欢迎使节,发表谈话说:"别人认为我从中国的后门进,实在我是从中国的大门进的呀!我经过了你们河西兰州一带,便想象到我们美国当年西部的开发。"不错,华莱士这番话,我实在非常赞同。

不久有一位朋友提醒我说,你主张建都西安,孙中山先生早曾提过了。在章太炎先生的文集里,有一篇记载着孙先生与章先生的一夕谈,文中记明谈话的年月日。当时孙先生说:"我们革命的首都应在武汉,此乃内陆中心,一呼百应。建国的首都应在西安,这是中国全国中心。将来要做一个亚洲的中国,则应该建都在伊犁。"孙先生这番话,实在有气魄,有远见,从他话里,可以指导我们有一百年以上的兴奋和努力。我们统治着偌大一个中国,总不该专门注意在天津、青岛、上海、杭州、福州、广州那些专供外国人吸血的新都市。应该同样注意到察哈尔、绥远、宁夏、新疆、青海、西藏以及滇西一带广漠区域。不该对这些大地面视若无睹，认为无足轻重。我因此便写了第二篇文章，再来强调我移都西北的主张。

我认为中央政府是一国的头脑指导中心，头脑该摆在冷的地方，要曝露在外，要摆在大门口，摆在前面。头脑所在，全部血液都向那里输送，全部神经都向那里会合。头脑不能安放在胸腹安逸处。太温暖是不行的。假使像宋朝般建都开封，开封如人体的腹部，头脑放在腹里便昏昏然，血液也停滞了，不流通。这样便会生机窒塞。北京是契丹、金、元、满州建都所在，就他们讲，也是站在最前线，用来控制整个中国的。明朝建都北京，因为刚打掉蒙古人，也是针对着敌人的最前线。

今天中国所面对的问题，也是西北重于东南，内陆重于沿海。我们该将中国经济文化来一个大对流，南方人该尽量向北方搬，三五十年后，中国自然有办法。现在的中国，是血脉不流通，神经不健全，营养和神智，都堆积在一个角落里，臃肿了，偏枯了。要使人才移流，中央政府要领头向前跑，政府更该要接近国内大多数想接近政府而无法接近的民众，却不必刻意专接近苏、浙、闽、粤沿海一带人。他们自身有能力，自会向政府接近。目前西北是太落后了，政府又远离他们，他们也没有力量来接近政府，那终非好现象，终非好办法。

第六讲　中国历史上的地理与人物

我们应该知道，北方人还有潜力存在。义和团发生于山东、河北，今天的共产党也是到了延安后，把种子散布到北方农村，才始壮大起来的。今天的东北人，也大都是山东人移去，他们都是强韧能动，有活力。北方人本质上哪里会差过南方人，只是文化、经济、环境埋没了他们，压抑了他们。

从前唐朝时，江西人开始兴起，那时期从北方到广东，都经由江西赣江流域。广东为沿海大口岸，江西是一条南北交通要道，行人往返不绝。我们读王勃《滕王阁序》，直到韩愈的《滕王阁记》，便可想见当时之盛。文化随物质文明而提高，江西文化之提高，也是有它的背景的。但物质文明发展到一相当阶段，文化便不再在此地滋长。所以成为政治中心如北平，商业中心如上海，在那里便不大产生人才，仅只是各地的人才汇向政治商业的中心。其地成了中心，便不再出人才。即小可以见大，可见一地区发展到某一阶段便易停滞不前。人才也萎靡了，机运也窒塞了。

又如一个人总不可住在十字街口冲要去处。理想的居住地应在郊区。交通要便利，容易去热闹处，而回来又有安静环境休歇，如此可以刺激见闻，创辟事业。若住得太僻了，和繁盛地区远隔了，往返不便，即成孤陋寡闻，也不行。唐代的江西，便是退可安进可动的好环境。黄巢造反，也是走这条大道，直去广州。直到五代，中国乱，四方人士逃避上庐山的很多，正因其在闹中取静，近交通大道而又僻陋可安，一时庐山成为避难的文化中心，影响到北宋。清代去广东的南北通道，不再经江西，而转由湖南，于是湘江流域变成交通要道，这样，在那边，又产生了不少人物。

据此一例，可见地灵则人杰，文化和人物兴起是有它的外在条件的。今天的西北大陆，只是地理上的气运变了，不是在那边人的本质上有何弱点。地理气运是人事形成的，不是先天命定的。一个民族，最重要的是求其能动又能安。今天中国，全为西方商业吸引，大家都跑向海边。但一到海边，便没有地方可走，粤人便向南洋海外跑。这亦是一种开创精神，对国内经济并有甚大助益。但究竟在外国境，非自己的殖民地，政府不能好好护养培植，如是则不免把民族精力在许多处浪掷了。许多天生的人才也白费了。

实在今天的中国人，应该拉过头来，向内地跑，跑向内地，一样有发展，而内地人连带兴起刺激。而且中国人今天向内陆跑是主动的，向海边跑是被动的。在国家的立场，至少该用些力量，引导文化经济逆转地跑回黄河流域，由此继续向西北前进。在这里，我们一定可以得到新刺激，一定可以产生新力量，并使国内各方面发展平衡，而得到竟体壮健的现象。

清朝到末年，西洋势力已侵入沿海一带，所以在国内平衡上还没有出大弊病，还是依赖当时的考试制度。例如甘肃省，每年仍有十五至三十个进士定额，配给他们参加政府，这样还可维系当时甘肃人在全国的比重。民国肇建，孙中山先生虽亦提倡考试制度，实际此制度已不复存在。于是文化愈落后的地区，愈不出人才，人才愈不出，文化愈落后，而那些地区的经济也遂更无办法。人才经济均集中东南一角,于是中国的真病,乃逐渐由远离东南的西北地区暗滋渐长,由甘肃蔓延向陕西、河南,而逐步侵蚀皖南,到苏北,像一个箭头,由西北大陆向东南沿海发射。依此一条线,再向两旁推广,愈推愈广,几乎布满了中国整个的大陆内地。国家从不注意这现象,这趋势,不想法使西北与东南发生对流,力求平衡,文化经济都随着呆定,无法通流。一个舞台已崩倒了半个,在那半个舞台上酣歌醉舞的,却不知快要整个地垮台了,那真是怪事!

近代欧洲人,正为发现了新大陆,不断向外跑,天天有新刺激,所以天天发生新力量,到今天全地球各地区都给他们跑遍了,欧洲人从发现新大陆以来的这一股力量现在也慢慢儿要衰颓了。今天中国积衰积弱,不可能向国外跑,中国的将来,决不可能追随已往的西洋,成为一向外侵略的帝国主义。中国的新天地,就在中国之本身内部,回过头来,向内地跑,不仅如华莱士所说的像美国人开发西部般,我们却还兼带了恢复历史上汉唐精神的一种更要的意义。那是迎接中国文化新生一条唯一可走的路。

长江一带,尤其是长江下游,气候暖,地方小,人口多,那是今天我们的十字街头,一切像在动、在乱、在拥挤、在冲撞,已像无转身余地,不容易再产生大气魄、大力量的人。只是开着窗口,接受一些外面空气是适合的,却没有元气淋漓。不能希望在此地区来旋乾转坤,挽回气运。我们该再来复兴北方,重新开辟黄河水利,来解除今日黄河的灾害，黄河就可重成为中国之大利。北方人便可再跑上舞台扮演新角色。

再举一例言，黄河在包头的一段，很早便是中国人的活动区。秦时包头附近，便辟有四十三个新县，大量移民，引水灌田。上流的水利用了，下流的灾害也自然减少了。以后中国历史上，很可以看得出，包头在中国人掌握中，黄河的水害就小；包头在匈奴乃至蒙古人掌握中，黄河的水害就比较大。这原因不难想象。长江所以没有大灾害，因为四川是一个农业区，四面引水灌田，水在上流即疏散了。逮其过三峡后，又有洞庭、鄱阳等水库存储，泛滥自少。此刻试问，目前的包头，何尝不可大大振发呢？

再如经徐州到开封，今天是一片荒凉，从前却很繁盛，这是隋唐运河的经流地带。这一地带从古出过许多的奇才异能，大哲学家庄周、老子，大政治家张良、谢安之类，这是无人不知的，其他的例很多。正为古代在这一带是湖泽水流，交错历落的。黄河、淮水，都可借以蓄泄。现在则干枯了，再不是文化人才的理想园地了。但试问目前的这一带，又何尝不可大大地振兴呢？今天的中国，如此般荒芜的何啻一大半。长江、珠江流域的人，素质上实不及较古的黄河流域，无论体魄毅力均逊。近代的中国，由南方人沿海人领导，至少该使北方人内陆人追随。到得他们追上了，那就是中国之又一度的文化新生，那即是新中国新生命之再度成长，至少也是为目前中国弭息灾乱急需注意的现实问题。

所以今天而后，中国只要上轨道，中国人一定该把力量推向落后的内地去。如孙中山先生的预言,从武汉到西安,再从西安到伊犁,必须解决此北方、西北方落后的问题。唐代的敦煌文物,不是我们现在仍在向世界夸耀吗?魏晋南北朝时西域出了几许佛学大师名德高僧,可见新疆人也不是没有出息的。若我们自己在鄙视自己人,中国将永不得安宁。纵使没有外患,依然仍会有内忧。中国的现实问题,主要的显然在内地,不在外国。中国的历史教训,主要的也同样在内地,不在国外。大家往内地跑,文化可以流动,个人精力也可以发泄。在文化集中地区,每个人重现实,少想象,不大会引生大理想。到一个落后新地区去,才有想象,才能创造,才能发展。今天的中国,实在是只有沿海一圈,沿江一带。田园将芜胡不归,让我们自己认识了自己的舞台,再来扮演自己的角色吧!

第七讲　中国历史上的道德精神

一

我们可以说，近代的西方有三大精神：一、个人自由主义精神，渊源于希腊，亦可称为希腊精神。二、团体组织精神，或叫作国家精神，渊源于罗马，亦可称为罗马精神。三、世界精神，或叫作宗教精神，亦可称为希伯来精神。此三种精神配合成为今天的西方。英国、美国以宗教精神调和国家组织与个人自由的冲突；苏维埃只有一种国家精神，抹杀了个人自由，并将国家精神升化到带有宗教的色彩。至于科学则仅是一种方法，一种技能。虽说科学也另有一套寻求真理的精神，但其运用到实际人生方面来，则仍必依随于上述三种精神之某一种或某两种，才能决定其真实的态度与价值，故不得与上述三大精神有平等齐列之地位。

有人问中国的文化精神是什么呢？我认为中国文化精神，应称为道德的精神。中国历史乃由道德精神所形成，中国文化亦然。这一种道德精神乃是中国人所内心追求的一种做人的理想标准，乃是中国人所向前积极争取薪向到达的一种理想人格。因此中国历史上、社会上，多方面各色各类的人物，都由这种道德精神而形成。换言之，中国文化乃以此种道德精神为中心。中国历史乃依此种道德精神而演进。正因为中国人物都由此种道德精神所陶铸，即如我们上面所讲，无论是政治的、经济的、军事的、教育的，各项事变乃及各种制度，以及主持此各项事变与创造此各种制度的各类人物，其所以到达此种境界者，完全必以这种道德精神为其最后的解释。因此，我称此种道德精神为中国的历史精神。即是没有了此种道德精神，也将不会有此种的历史。

我们所谓的中国道德精神与西方宗教精神不尽同，也与他们的团体精神与个人自由精神不尽合。我们常觉得自己既没有宗教，而在团体组织与个人自由两方面，其表现的精神力量也都不如人。实际这种看法，只是忘记了自己所特有的一套，而把别人的尺度来衡量自己，自然要感到自己的一无是处了。中国的历史、文化、民族，既是以这一种道德精神来奠定了最先的基础，今天此一种精神堕落，自将显得一切无办法，在在都发生了困难。如果我们能再把为自己历史、文化、民族做基础的这一种道德精神重新唤醒，我想当前的很多问题，也都可以迎刃而解的。

我所讲的道德精神，究竟指的是什么样的内容呢？我此刻暂不为此道德二字下定义，也暂不为此道德二字定内容，我姑先举出两项重要的道德观念或道德理论来做具体的例子。第一个理论在孔子前，第二个理论在孔子后。

春秋时，鲁国上卿叔孙豹出使晋国，会见晋国上卿范宣子，在正式的使命任务外，谈到了一个哲学上的问题。范宣子问叔孙穆子说："如何可以做到人生不朽？"叔孙暂不直答，却反问说："你如何看法呢？"范答："我们范家，自尧舜以来，经夏商周三代，直迄现在，相传两千余年，如此的家世，亦可算不朽了吧？"我们只看范宣子这一说法，便可推想，中国人在那时，已不信人死后有灵魂之说，而完全是一种站在现世间的看法。叔孙却告诉他说："照我看，那只是世禄，不能谓之不朽。人生不朽有三：立德、立功、立言。"这句话，二千多年来，深印在中国人心里，成为一个最高的道德理论和人生信条。信耶稣的人说："我们是活在上帝的心里。"叔孙穆子的话，我们也可替他透进一层说："人要活在别人的心里。"如果别人心里常有你，便是你的人生不朽。如果别人心里没有你，你也就等于没有活。正如儿子心里没有父亲，那么这个父亲等于没有做父亲。

孔子之后，孟子发明了人性善的理论。他说，每个人的天性都是向善的。善便是道德精神。我想我们可以用孟子的理论来解释叔孙穆子的三不朽说。一个人活在世上，为何要为别人立德、立功、立言呢？这已显然不是一种个人主义了。但纵使别人心里常有了你的德、功、言，这于你究有何关系呢？我们若用孟子的话来回答此问题，正为人的天性是向善的，他情愿如此做，只有如此做了，他自己才感到快乐与满足。而且向善既是人类的天性，你的善，便一定可以得到别人心里的共鸣。你为人立德、立功、立言，别人必然会接受你、了解你，而且追随你、模仿你。我们试问：除却我们的行为，还在哪里去找我们的生命呢？行为存在，便是生命的存在。行为消失了，便是生命没有了。我们只有向善的行为，才能把握到人类天性之共同趋向，而可以长久地存在。我们也只有这一种生命，绝不会白浪费、白牺牲，将会在别人的生命里永远共鸣、永远复活。身体不是我们的生命，身体只是拿来表现我们生命的一项工具。身体仅是一件东西，生命则是一些行为，行为一定要有目的、有对象。我们凭借了身体这项工具，来表现行为，完成我们的生命。

譬如我现在在此讲演，这是我的行为，也即是我的生命。行为必然由此向彼，有一到达点。此到达点，即是所谓目的与对象。若果讲演没有人听，便等于没有讲，等于没有这行为，亦即等于没有了这一段的生命。所以我们的生命，一定要超出此生命所凭借之工具身体，而到达另一心灵的世界。如讲话则必求达到听的人心里。身体则只是一工具，只限制在物的世界里。衣与食则仅是维持工具的一种手段，只是一种生活手段，却不能说衣食即是生命。衣与食的对象，限制在自己的身体上。身体坏了，一百年八十年的谋求衣食，吃辛吃苦，全浪费，全牺牲了。所以为自己身体谋求衣食，这决无所谓道德精神。除非是以衣食为手段，而别有生命的期图，这才说得上有道德的意味。

但如孟子说，人性既是共同向善的，社会上为什么还有很多罪恶呢？据孟子意见，罪恶的来源，不外两种原因：一是环境不好，一是教育不良。由这两条路，陷人于罪恶。这只是外面的事势逼迫人、引诱人，不是人天性爱好如此做。孟子之后有荀子，主张人性恶的理论，他说人的天性生来都是倾向于恶的，人类之所以能有善，由于师法教导和法制刑律的管束。倘使今天没有学校和教育，没有政府和法律，试问社会将变成什么样子？但我们可以代表孟子来回答荀子这一个质问。人类在最先，本无学校和教育的，怎样会产生学校和教育的呢？人类最先，也本无政府和法律的，又怎样能产生有政府和法律的呢？人类从无教育变成有教育，从无政府无法律产生有政府有法律，这即证明人性之向善。荀子说：教育和法律，都由圣人而产生，但圣人也是人，人类中有圣人出现，便可证人性之向善。

根据上述，我将再一提掇，中国人传统的两个很重要的道德观念和道德理论：一、人无论对自己，对别人，都该信仰人的天性总是向善的。二、人生不朽，只有在现实世界里不朽，没有超越了人世间的另一种不朽。换言之，人类只有凭借此肉体所表现的生命，而没有在肉体生命之外的另一种的灵魂生命。人类只有在此现实世界里的一切行为和道德精神，才是他真实的生命。西方人认为肉体和灵魂是两种不同的生命，存在于两个世界里，而且又认为人类的天性，根本是罪恶。这两点，恰和中国人观念正相反。我此下再将根据上述两点，来解释中国的道德精神。

二

今天共产主义最重要理论之一，便是要推翻唯心论，来建立他们的唯物论。唯心论是西方哲学思想中一派别，它的产生，在求弥补宗教上信仰之摇动与缺陷。自从哥白尼的天文学，达尔文的生物学，连接着近代种种新科学的发现，把宗教传说里上帝创世的旧信心动摇了；但在西方世界里没有了上帝，全部人生将没有一归宿，于是乃有近代唯心哲学之产生。他们大多认为世间一切现象之形成与主宰者是人的心，进一步则认为此宇宙之最先创始亦是先有了心，然后再有物。马克思则不认此说，以为这只是一种形而上学的玄想。换言之，则是一种不合科学的空论。世界最先只是物质的，并无一个先于物而存在的心，所以说存在先于意识。马克思实是站在一种唯物哲学的立场而来提出他的唯物史观和阶级斗争的理论的。马克思不信有上帝创世，也不说有另一种先于物或外于物的心或精神之存在。所以他自己说，他的历史观，是一种科学的历史观。

至于十九世纪西方其他的科学家，亦大都抱有唯物的观念，他们大体也都抱一种反宗教的无神的主张。直到近三十年来，西方物理学家又发现了新的希望。他们研究物质，分析物质，到最后发现了原子能，他们对物质经过了长时期的严密考查之后，终于感到是没有物质那样东西之存在。于是又回头来想重新创造一种新神学，认为这个世界在其最后的本质上，或是最先创始的过程上，还是有一个非物质的神之存在。最近西方有很多物理学家、天文学家依然不断努力在研究此一问题之可能的进展。所以在他们的思想界，旧的唯心论，所谓上帝创造人类之旧迷信，已为科学所动摇。而新的唯心论，今天的科学界，还正在想创造。这是西方思想上一个大问题。

可是我们站在中国立场来讲，则问题并不在此。纵使新的宇宙原始的心发现了，这还是宇宙之心，并非我们所要讲的人之心，二者之间还是相去十万八千里。我所指出的中国历史上的所谓道德精神，则并不要讨论世界究从何处来，世界一切物质的最后本质是什么，这些全属宇宙问题，而非人生问题。道德精神则在人生问题中出现。它单要研究如何拿我们人类自己的心来拯救我们的世界和人类的一切灾难，而努力领导此整个人世界得以不断的上进。

因此中国的人性论，根本和西方哲学上的唯心、唯物之争辩无关。中国人只信仰或主张，人之生性都可以向善的路上跑。证据何在呢？能近取譬，只在人之心。人心最大要求是"爱"和"敬"，实际上二即是一，爱的中间包有敬，敬的中间包有爱。人生的最高满足，并不是锦衣玉食的一切物质享受，而在享受到人心之爱与敬。此又包括着两面，一是人爱我，人敬我。又一是我爱人，我敬人。应知此二者是同样能使我们感到最高快乐和满足的。这不是科学问题，也不是哲学问题，仅是人的生活上一种实际经验，人人皆知，毫不用得辩论。

任何一人从小到老，只有这"爱"与"敬"的心地，

第七讲　中国历史上的道德精神

无论是你对人，或是人对你，只此最易使你感到满足。为何呢？正为爱与敬是一种人心的表现，这一种表现，不论是人对己或己对人，境界总是一样，总是使你亲自跑进这爱与敬的圈子，而感到一种实获吾心的无上快乐与满足。但我们要获得人家对我之爱敬，这好像不容易。若我们自己肯发心去爱人敬人，则其权操在我，并不困难。人爱我，固使我进入爱的境界，感到爱的享受。其实我爱人，何尝不是使我进入了爱的境界，感到了爱的享受呢？所得到的都是在同一境界中，都是人生最高的愉快，无上的满足。

我们此刻可不必接受耶稣教上帝创世的理论，但同样可以来体认耶稣钉死在十字架时的内心境界，确为耶稣生命上一种至高无上的满足。因为在那时，他的心已深入了爱的境界，获得了最高的享受。无论如何，他是在博爱人类而牺牲了自己。耶稣这一段生命，这一刹那时的生命，便可以永世不朽。所以耶教传说认为耶稣钉死在十字架之后，忽然又复活了。这一复活，照中国观点看，是耶稣精神永远存留在世界上，复活在别人的心里。耶稣精神就是上述的那种爱的精神，也就是中国人观念中的道德精神。耶稣的信仰，人生根本是罪恶，人类的祖先犯了罪，才始堕落到人间，耶稣代表着上帝意旨降生到世间来传道，他对人类一切的爱，莫非是上帝的意志。这些意见，在不信耶稣的人，可以不接受。但耶稣那一段真实人生，尤其是他最后十字架上的一段生命，却十足象征了中国观念中所谓道德精神之表现。所以在道德精神里，可以欣赏到宗教精神，也可以包容有宗教精神。

人生问题里，人人都感到急要解决的，却是一个人死的问题。因为死了，一切人生都完了。宗教里的上帝和天堂既不可恃，只有中国观念，认为人生仍可以不朽，可以永活在别人的心里，这不需宗教信仰来支撑，而近代科学的新发现，也并不能把这一观念推翻了。这是中国道德精神价值的高卓精深处。

三

以上述说了两个论点，不朽论和性善论，此两论题互相配合，才能发挥出中国道德精神之最高的含义，这实在是中国思想对整个人类社会的最大贡献。我们必从此两理论出发，乃能把握到中国道德精神最深沉的渊泉。

道德并非由外面给我们束缚，而是人类自己的内心要求。我们的天性，自要向那里发展，这是人类的最高自由。孔子、孟子均教人孝，这不是孔孟存心要把孝的道德来束缚人，孝亦只是人心一种自然的要求。父母感受到儿子的孝，固是一种快乐，儿子发心孝父母，在儿子本身，同样是一种快乐。唯其如此，所以欲罢不能。父母生前要孝他，死后依然要孝他。葬祭之礼，并不站在人死有鬼的信仰上，亦非由风俗强制人，这还是人类孝心一种自然的要求，自然的趋向。古代人死了，并不懂得有葬礼，只把死尸扔弃野外即完了。有一天，偶有一人跑到郊外，忽然看见野狗在咬死尸的骨骼，蝇蚋在咕吸死尸的血，仔细一看，这尸却正是他的父母，这人不禁额上泄出了几滴汗。这几滴汗，并不是怕人家骂他不孝或是不道德，那时根本也还不懂有孝和道德呀。这几滴汗，正是证实了人类内心有此向"善"之天性。整个人类文化，便从这几滴汗中产生。他才立刻回家，取了一把锄头，再来死尸处，挖开土，把尸埋了，这即是古代葬礼的开始。绝不是凭空来一个圣人，无端定下葬礼，来对他说服。也不是忽地来一个专制皇帝，定下一条法律，来加以限制。即此一例，可证若非人类天性，绝不会结出种种文化的美果。

只要看人类社会上有善，便知是人类天性中有善。只要见人类文化中有爱，便知是人类天性中有爱。我们既喜欢此善与爱，便该把此善与爱尽量发展。这在西方是宗教。他们说："上帝要我们善与爱，我们故该善与爱。"中国人却说："你不是喜欢善与爱吗？我尽量教你善与爱。而且我自己也喜欢善与爱，我情愿对你善与爱，我不在求得你任何报酬，纵使对我有绝大牺牲也情愿。"这不就是一种宗教精神吗？故我说："中国文化中虽不创生宗教，却有一种最高的宗教精神。我无以名之，姑名之曰人文教，这是人类信仰人类自己天性的宗教。"

人类的自然生命，只有几十年，最多百年上下，死了便完了。在这种人文宗教的精神之下，人类可从几十年的自然生命，转进为绵历千万年的历史生命和文化生命。这几十年的自然生命，仅如一只船，或是一座桥，用来渡过这条汹涌河流而进入不朽的生命。所以我们在此短短几十年的自然生命中，应该好好利用，使它达到这"渡"的功能。不朽的生命，不单是大圣大贤可以获得，人人都可得。孟子所谓："人皆可以为尧舜。"最高的人生，谁都可得。人性最高的表现，无非在"爱"和"敬"。人心最高的要求，也无非是爱和敬。爱和敬是人人心中所有，也是人人心中所能。我们要达到这人生的最高理想和最高境界，只须从自己心上表现。

人类社会，常有两种行为相对立：一为自动性的"感"，一为被动性的"应"，人生要常能自动地感，不要尽是被动的应。小孩子打架，说他先骂了我，我才骂他；他先打我，我再打他，好像这是理该的。如此引申，他今天偷了你东西，难道你也该偷他东西吗？如此做人，一切权都操在别人手里。要你骂人，要你做贼，都可以。可见人生真理，不能说人家怎样做，我便怎样"应"！必须自己开始发心去"感"。譬如你发心孝父母，父母却对你冷淡，你就觉得我已尽心尽力去孝，父母对我不欢，以后也莫怪我，我也只得不孝了。可见你的孝与不孝，你的人格，其权不在你，而操在你的父母。你做了不孝之子，你再想诿过于父母，其实是你丢弃了自己的人格。父母是父母的事，你是你的事。这正如射箭，一箭射去不中，是你射的技术差了呢？还是箭垛安放得不合你所射的去处呢？很多人都怪对面不好，却不自己反省，这是我做得不够，不到家。这绝不是道德精神。

我们该有勇气做一个主动地"感"的人。君子以自强不息，国家乱，我们还得忠，要使它不乱；不能说我已经努力了，可是国家仍乱，那只有待换一个国家再忠吧！道德在我身上，在我心里，不能说道德在环境中。我们需凭道德精神来创造环境，不该由环境来排布生命，决定人格。道德就是我们的生命，就是我们的人格。这是人生真性情的流露，它有一个最高意志的要求，再加上方法技巧，便可以完成最高的理想。

再进一步言，完成不完成是另外一件事，只你在这样做，这便是你的生命你的人格了。我爱你，我敬你；你如何反应，这是另外一件事。耶稣纵上了十字架，耶稣还是敬天爱人。人生必该有一要求，没了要求，就没了人生。要求即是我们的生命，人类的最高要求在爱和敬。你说你要满屋的黄金，其实你还是在要求爱与敬。你只误会有了黄金便可以获得爱与敬。你自不知道，爱与敬才是你的真要求，才是你的真生命。但这并非甚深妙理，大家可以自己了解，不烦详细讲。

今天我们似乎太重视了物质方面的一切，认为知识即系权力，认为知识与权力胜过了一切，其实知识只是生命使用的工具，权力也是生命使用的工具。为了要求生命满足，才使用知识和权力。生命所使用的，都只是外物，不是生命之本身。生命不能拿知识权力来衡量，只有人的行为和品格，道德精神，才是真生命。好在是人同此心，心同此理，人即是我，我即是人。就生命言，实是融成一片的。所以有人误会了，还是有人不误会。有人放弃了，还是有人不放弃。这一种道德精神，永远会在人生界发扬光彩。而中国人则明白提倡此一道德精神而确然成为中国的历史精神了，这是中国历史精神之最可宝贵处。

四

我今天想特举两个中国近代的圣人来证实我上文之所讲。一是一百年前山东的武训，武训只是一乞丐，自己感到没受过教育，总希望别人家小孩子们都能受教育，不惜把行乞所得，节约复节约，积累复积累，倾其毕生行乞所得来捐办学校，并跪请当地有名的先生来为他学校教书。这种行为，便是一种道德精神的表现，便是中国的历史精神在武训身上之表现。

我这次到台湾，又新知道了中国近代第二位圣人，两百年前的吴凤。吴凤是台湾嘉义人，他原籍福建，跟随父亲来台，在阿里山高山族里做买卖，贸易度生。当吴凤二十余岁时，便做了高山族的通事，代表政府管理高山族。高山族人受他人格感染，都很敬爱他。高山族向例每年要杀一个人，环绕着人头来跳舞祭神。吴凤劝他们不要再杀人，高山族人说："你吴凤是好人，你的话我们都肯听，但这件事却不能听。此乃我们祖先所遗，每年必须杀一个人，环绕着这人头跳舞祭神，否则一族都会要遭殃。"吴凤说："你们去年与人家大械斗，杀了几十人，你们尽可拿那些被杀的头颅保留，逐年用一个上祭，不好吗？"高山族人听了他的话，大概过了三四十年，保存的死人头都用完了，又向吴凤说："我们今年只得开始杀人了。"吴凤那时也已七十上下的年纪了，他说："你们停了几十年不杀人，不是很好吗？我盼你们永远停止杀人祭神吧。"劝讲再三，终于无效。吴凤说："你们定要杀人，我没法劝阻，但也不可乱杀，让我今年送一个人给你们，你们在某一天去某地看见有人头上披红巾的，你们杀他吧！"高山族答应了。

吴凤回家安排后事，并嘱咐家人对高山族必须循循善诱，不该凭势欺负他们，也万不可报仇寻冤。那天到了，吴凤自己头上披了红巾，走到他所指定的那条路上去，高山族就用箭把来人射死，前往戮首，一看却是几十年来崇敬爱护的吴凤。于是才明白他因一再劝说无效，不得已亲以身殉。从此高山族人为所感动，也永不杀人了。自此以后，高山族与平地人相处融洽，双方皆崇奉吴凤为当地神圣，立庙敬事。即在日据时代，日本人也屡次为他建新庙宇，重立碑文，对吴凤道德人格一样推崇备至。

吴凤仅是一小小通译。杀人是高山族自古相传的风俗，吴凤既已再三劝说无效，已属尽心尽力，倘不身殉，亦并非吴凤之不道德，并无损于吴凤平日之人格。而吴凤却这样做，这全是吴凤的道德精神发自内心，并不在顾忌社会旁人批评，也并不想死后有何报酬。吴凤的内心希望，只盼感化到高山族从此不杀人，吴凤内心也享受到他一种高度的满足了。这不正像耶稣的十字架精神吗？耶稣复活了，吴凤一样复活了。耶稣永生了，吴凤也一样永生了。只要此地仍有人类，有文化，吴凤的生命，是始终活着不朽的。何以故？以人类同有像吴凤般的善心故。

上述的武训与吴凤，都不是受过高深教育的人，何以有如此伟大的道德精神之表现？这不十足证明我上述中国观念人性善的理论吗？武训终身是一乞丐，吴凤终身是一高山族的通事，并没有其他了不得，何以今天讲到此两人，大家依然会肃然起敬，油然生爱，好像武训、吴凤立在我们面前，钻入我们心里的呢？这不十足证明我上述中国观念不朽的理论吗？中国这两百年来，是天地闭贤人隐的衰乱之世，何以在穷乡僻壤，忽然降生此两大圣人，这不十足证明我上述中国历史是一部道德精神的历史的理论吗？

今天我们因为环境关系，教育关系，以及其他种种的关系，大家感到生活不舒适，不痛快。但我想，我们终有一天可以过得极舒服极痛快，那就是发扬我们历史相传道德精神的时候。诸位试想！吴凤那天，披了红巾，走去他指定的路上，那时吴凤心里，我想是他一生生命中最痛快最高潮的时候吧！一个人在其遭遇生命之最痛苦最没有办法的时候，往往自杀了之，这也是他认为最痛快的。由其智识不够，遂出此下策。他不懂得只要我们一旦道德精神发扬，什么问题都可以解决，什么困难艰险都可以感到舒适与痛快。

我常听中国人在说甘地是近代东方的圣人，这不错。其实武训、吴凤，何尝不是近代东方圣人呢？或谓武训、吴凤所干事业，远不如甘地，不能相提并论。这又错了，圣人不

第七讲　中国历史上的道德精神

从事业论。事业要看机会，哪能每个人都有机会成大事业的呢？哪能每个人都著书立说成大学者的呢？所以中国观念中之立德、立功、立言，德为首，功、言次之。陆象山先生曾说："我虽不识一个字，也要堂堂地做一个人。"怎样才是堂堂的一个人呢？吴凤、武训才算是堂堂的一个人，但他们识字多少呢？我今天说他们是圣人，他们实在当之无愧的。将来的历史上一定要把武训、吴凤大书而特书的。

现在我们再讲一个历史人物，而为今天的中国人所大家知道，而且也奉之为神圣的。不仅中国大陆如此，我最近来台湾，也是如此。我从前去安南，也是如此。这是什么人呢？我所要讲的，是三国时代的关羽。关羽为什么遭受中国人如此般地崇拜呢？正因为关羽有他的道德精神。关羽跟从刘备，当时刘备不过是一个光棍军人，无地盘，无军队。同时的曹操则声势浩大，却又爱才如命。关羽是当时能文能武了不起的人物，曹操得到关羽，爱之殊深，锡以高爵，优礼备至。但关羽仍旧不忘情于刘备。曹操知道了，派关羽好友张辽去看他，探其意向。关羽说："曹公待我厚，我岂不知？但刘备是我患难弟兄，我何能弃之。"张辽又问他什么时候才走呢？他说："我必有以报曹公，等我有机会报答了他就走。"张辽据实转告曹操，操叹曰："是义士也，人各为其主，我不能强。"其后关羽杀了袁绍大将颜良，曹操忆及张辽之言，心知关羽要走，更加厚赐，但关羽卒封金挂印而去。曹操手下人说关羽无理，请派兵追拿，曹操卒止之不听。关羽后来为东吴吕蒙所杀，事业未成，而且失败了，但无损其道德精神之长存千古。中国一般老百姓，崇拜关公，直到今天。

其实在中国历史上，如我所称，合于道德精神的人物，合于道德精神的故事，举不胜举，讲不胜讲。所以我说，中国的历史文化精神，是一种道德的精神。

五

人总有一死，在此短短数十年间，总盼有能感到痛快舒服的一段。这决不是知识，也不是权力，又不是经济，又不是环境，而是将我内心中所蕴蓄的最高要求，能发挥出来，而成为道德精神的，这决然是人生中最舒服最痛快的一段。道德精神是无条件的，在任何环境下，都可以发挥。因为，我们只有讲道德，才能使每个人发挥其最大的力量，尽其最大的责任，而享受到生命之最高快乐与满足。救世界救国家，不是几个人干的事，要大家干。如何能使大家来干呢？就要发扬道德精神。因为只有道德精神，是人人所具有，而又是人人所喜欢的。只要能道德精神发挥，一方面便完成了大家最大的责任，同时也满足了大家最高的要求。

中国民族经过千辛万苦，绵历四五千年的历史生命，直到现在，始终存在着，就是依靠这一种道德精神。世界上任何一民族，没有能像中国这样大，这样久，这因中国往往在最艰苦的时候，能发挥出它的道德精神来，挽救危机，这应即是我们的宗教。中国以往文化精神正在此，以后的光明前途也在此。

　　完了，谢谢诸位，风雨无阻，不厌不倦地，在公务百忙中，抽出这夜间唯一可供休息的宝贵光阴来继续不断地听完我这七次的演讲。

附录一　中国文化与中国人

一

今天我的讲题定为"中国文化与中国人"。我只能从某一方面对此题讲些话。本来是由中国人创造了中国文化，但也可说中国文化又创造了中国人。总之，中国文化就在中国人身上。因此我们要研究中国文化，应该从中国历史上来看中国的人。亦就是说：看中国历史上的人生，他们怎样地生活？怎样地做人？

人生应可分两方面看：一外在的，即人生之表现在外者。一内在的，即人生之蕴藏在内者。表现在外的人生又可分两大项目：一是所创造的物，一是所经营的事。

《易经》上谓之"开物成务"。无此物，创此物，是为"开物"。干此事，成此事，是为"成务"。《易经》把"开物""成务"两项都归属于圣人之功绩，可见中国古人对此两项之看重。但此两项则都是人生之表现在外的。

现在人讲文化，主要都从这两方面讲。如旧石器时代、新石器时代、铜器时代、铁器时代等分法，是从"开物"观念上来讲的。又如渔猎社会、畜牧社会、耕稼社会、工商社会等分法，是从"成务"观念上来讲的。但这些多是人类怎样生存在社会乃至在天地间的一些手段，实不能认为即是人生之理想与目的。

人生该有理想，有目的。既已生存在此天地，究应怎样生，怎样做一人？这始属于理想目的方面，此之谓文化人生。自然人生只求生存，文化人生则在生存之上有向往，有标准，这就讲到了人生的内在面。这一面，中国人向称之为"道"。中国人用这"道"字，就如现在人讲文化。不过现在人讲文化，多从外面"开物成务"方面讲；而中国人的传统观念，则定要在文化本身内部讨论其意义与价值，亦可谓文化中之有意义价值者始称"道"，而此项意义与价值，则往往不仅表现在外面，而更要是蕴藏在人生之内部。

如我们讲古代文化，定会提到埃及金字塔。埃及人创造金字塔，亦可谓是"开物"。金字塔之伟大，诚然无可否认。由于此项建筑，我们可以联想到古代埃及人的智慧聪明和当时物质运用的能力。若非这些都有一甚高水准，试问怎会创出那些金字塔？但我们也该进一步问，那些金字塔对于埃及的社会人生究竟价值何在？意义又何在？

古的不提，且论现代。如我们提及航天员，提及把人类送上月球，不是当前一项惊天动地的壮举吗？这也十足可以说明近代人之智慧聪明及其运用物质的能力，到达了那样高的水平。但我们不免又要问，这样一项伟大工作，究竟对于现世界、现人生，实际贡献在哪里？其价值何在？意义又何在？

像古代埃及的金字塔，乃及近代西方的航天员，都属于开物成务方面，都只表现在人生的外部。中国古人讲"正德""利用""厚生"，开物成务是有关利用、厚生的。但在此两项之上，还有"正德"一目标，而且"利用""厚生"也不是为着争奇斗胜。不论你我在太空轨迹中能绕多少圈，谁能先送一人上月球，但人生理想，究不为要送人上月球。送人上了月球，依然解决不了当前世界有关人生的种种问题。换言之，此仍非人生理想以及人生的意义价值所在。照中国人讲法，智力财力的表现并不即是"道"。中国人讲的"道"，重在修身齐家治国平天下。修齐治平始是人生理想，人生大道，绝不在乎送人上月球，当然也更不是要造几座更大的金字塔。从这一层，可以来阐说中国的传统文化观。

二

我此刻，暂把人类文化分作两类型来讲：一是向外的，我称之为外倾性的文化。一是向内的，我称之为内倾性的文化。

中国文化较之西方似是偏重在内倾方面。如讲文学，西方人常说，在某一文学作品中创造了某一个性，或说创造了某一人物。但此等人物与个性，只存在于他的小说或戏剧中，并不是在此世界真有这一人与此一个性之存在，而且也并不是作者之自己。如莎士比亚剧本里创造了多少特殊个性，乃及特殊人物，然而此等皆属子虚乌有。至于莎士比亚自身，究是哪样一个人，到现在仍不为人所知。我们可以说，只因有了莎士比亚的戏剧，他才成为一莎士比亚。也是说，他乃以他的文学作品而完成为一文学家。因此说，莎士比亚文学作品之意义价值都即表现在其文学里，亦可说即是表现在外。这犹如有了金字塔，才表现出埃及的古文化来。也犹如有了航天员，才表现出近代人的新文化来。

但我们中国则不然。中国文学里，有如《水浒传》中宋江、武松、李逵等人物，《红楼梦》中林黛玉、贾宝玉、王凤姐等人物，这些人物全都由作家创造出来，并非世间真有此人。但这些作品实不为中国人所重视，至少不认为是文学中最上乘的作品。在中国，所谓文学最上乘作品，不在作品中创造了人物和个性，乃是由作者本人的人物和个性而创造出他的文学作品来。如《离骚》，由屈原所创造。表现在《离骚》中的人物和个性，便是屈原他自己。陶渊明创造了陶诗，陶诗中所表现的，也是陶渊明自己。杜工部创造了杜诗，杜诗中所表现的，也是杜甫他自己。由此说来，并不是因屈原创造了一部文学，遂成其为屈原。正为他是屈原，所以才创造出他一部文学来。陶渊明、杜甫也如此。在中国是先有了此作者，而后有此作品的。作品的价值即紧系在作者之本人。

中国诗人很多，而屈原、陶渊明、杜甫，最受后人崇拜。这不仅是崇拜其作品，尤所崇拜的则在作家自身的人格和个性。若如莎士比亚生在中国，则犹如施耐庵、曹雪芹，除其文学所表现在外的以外，作者自身更无成就，应亦不为中国人重视，不能和屈原、陶渊明、杜甫相比。这正因中国文学精神是内倾的。要成一文学家，其精神先向内，不向外。中国人常说"文以载道"，这句话的意义，也应从此去阐发。中国文学之最高理想，须此作者本身就是一个"道"。文以载道，即是文以传人，即是作品与作者之合一，这始是中国第一等理想的文学与文学家。

再讲到艺术，中国艺术也同样富于内倾性。如绘画，西方人主要在求这幅画能和他所欲画的对象近似而逼真，其精神仍是向外，外倾的。中国人绘画则不然。画山不一定要像这座山，画树不一定要像这棵树。乃是要在他画中这座山，这棵树，能像他画家自己的意境和胸襟。或者作画送人，却要这幅画能像他所欲送的人之意境和胸襟。所以在作画之前，尽管对一山今天这样看，明天那样看，但总感这山不能完全像我自己的意境。待慢慢看熟了，把我自己对此山所发生的各种意象拼合起来，才是我心里所希望所欲画出的这座山。在山里又添上一棵树，这树也并不是在山中真由写生得来，仍是他意境中一棵树，而把来加在这山中，使此画更近我意境。所以中国画所要求的，重在近似于画家之本人，更甚于其近似于所画的对象。学西洋画，精神必然一路向外，但要做一中国画家，却要把精神先向内。

把文学与艺术结合，就是中国的戏剧。西方人演剧，必有时间空间的特殊规定，因而有一番特殊的布景，剧中人亦必有他一套特殊的个性。总言之，表现在这一幕剧中的，则只有在这一时间这一空间这一种特殊的条件下，又因有这样一个或几个特殊的人，而始有这样一件特殊的事。此事在此世，则可一而不可二。只碰到这一次，不能碰到第二次。他们编剧人的意象结构惨淡经营的都着重在外面。

中国戏剧里，没有时间、空间限制，也没有特殊布景。所要表现的，不是在外面某些特殊条件下之某一人或某几人的特性上。中国戏剧所要表现的，毋宁可说是重在人的共性方面，这又即是中国人之所谓"道"。单独一人之特殊性格行径，可一而不可二者，不就成为道。人有共性，大家能如此，所谓易地则皆然者始是道。道是超时空而自由独立的。如演《苏三起解》，近人把来放进电影里演，装上布景，剧中意味就变了。中国戏台是空荡荡的，台下观众所集中注意的只是台上苏三那一个人。若配上布景，则情味全别。如见苏三一人在路上跑，愈逼真，便愈走失了中国戏剧所涵有的真情味。试问一人真在路上跑，哪有中国舞台上那种亦歌亦舞的情景？当知中国戏剧用意只要描写出苏三这个人，而苏三也可不必有她特殊的个性，只要表演出一项共同为每一个性观众所欣赏者即得。

深一层言之，中国戏剧也不重在描写人，而只重在描写其人内在之一番心情，这番心情表现在戏剧里的，也可说其即是道。因此中国戏剧里所表现的多是些忠孝节义、可歌可泣的情节。这些人物，虽说是小说人物或戏剧人物，实际上则全是教育人物，都从人类心情之共同要求与人生理想之共同标准里表现出来。这正如中国的诗和散文也都同样注重在人生要求之共同点。中国人画一座山，只是画家心里藏的山。戏剧里演出一人，也只是作剧家理想中的人。西方的文学艺术，注重向外，都要逼真，好叫你看了像在什么地方真有这么一个人，一座山。而中国文学艺术中那个人那座山，则由我们的理想要求而有。这其间，一向外，一向内，双方不同之处显然可见。所以说中国文化是内倾的，西方文化是外倾的。

三

外倾文化，只是中国《易经》上所谓"开物成务"的文化。在我们东方人看来，这种文化，偏重在物质功利，不脱自然性。中国文化之内倾，主要在从理想上创造人、完成人，要使人生符于理想，有意义、有价值、有道。这样的人则必然要具有一人格。中国人谓之德性。中国传统文化最着重这些有理想与德性的人。

从字面讲，"文化"两字曾见在中国《易经》里，有曰"人文化成"。现在我们以"人文"与"自然"对称，今且问"人文"二字怎讲？从中国文字之原义说之，"文"是一些花样，像红的绿的拼起来就成了花样，这叫文。又如男的女的结为夫妇，这也是一番花样，就叫作"人文"。又如老人小孩，前代后代，结合在一起，成为父母子女，这也叫作"人文"。在这些人文里面，就会化出许多其他花样来，像化学上两元素溶合便化出另外一些东西般。在中国人则认为从人文里面化出来的应是"道"。故有夫妇之道，父子之道，修身齐家治国平天下之道。道都由"人文化成"，此即中国人传统观念中所看重的文化。

中国《小戴记》中又见有"文明"二字，说"情深文明"。上面说过，文只是一些色彩或一些花样。花样色彩配合得鲜明，使人看着易生刺激，这就是其"文明"。如夫妇情深，在他们生活中所配合出的花样叫别人看了觉得很鲜明。父子情深，在他们生活中所配合出的花样也叫人看了觉得很鲜明。若使父子、夫妇相互间无真挚情感，无深切关系，那就花样模糊，色彩黯淡，情不深就文不明。

这是中国古书里讲到的"文化""文明"这两项字眼的原义。此刻用来翻译近代西方人所讲的"文化""文明"，也一样可以看出中国人所讲偏重其内在，而西方人则偏重于外在，双方显然有不同。

人与人间的花样，本极复杂，有种种不同。如大舜，他父母都这样地坏，他一弟又是这样坏，可说是一个最不理想的家庭。然在这最不理想的环境与条件之下，却化出舜的一番大孝之道来。夫妇也一样，中国古诗有"上山采蘼芜，下山逢故夫"一首，那故夫自是不够理想，但那位上山采蘼芜的女子，却化成为永远值得人同情、欣赏与怀念的人。可见社会尽复杂，人与人配合的花样尽多，尽无准，但由此化合而成的人文，在理想中，却可永远有一道。因此中国传统文化理想，必以每一个人之内心情感做核心。有此核心，始有人文化成与情深文明之可能。

然而这亦并非如西方人所谓的个人主义。在个人与个人间相平等，各有各的自由与权利，此乃西方人想法。中国社会里的个人，乃与其家庭、社会、国家、天下重重结合相配而始成为此一人。人必在群中始有道，必与人相配成伦始见理。离开对方与大群，亦就不见有此人。因此个人必配合进对方与大群，而一切道与理，则表显在个人各自的身份上。因此中国传统文化理想中之每一人，可不问其外在环境，与其一切所遭遇之社会条件，而可以无往而不自得。换言之，只要他跑进人群，则必有一个道，而这道则就在他自身。己立而后立人，己达而后达人，尽己之性而后可以尽人之性，尽物之性。自己先求合道，始可望人人各合于道。这一理想，照理应该是人人都能达，但实际则能达此境界理想者终不多，此即中国所谓之圣人。但照理论，又还是人皆可以为尧舜，人人皆可为圣人的。

中国传统文化理想，既以个人为核心，又以圣人为核心之核心。孟子说圣人名世，这是说这一时代出了一个圣人，这圣人就代表了这时代。等如我们讲埃及文化，就拿金字塔做代表。讲中国古代文化，并不见有金字塔，却有许多传说中的圣人像尧舜。中国之有尧舜，也如埃及之有金字塔，各可为其时文化之象征与代表。

在《孟子》书中，又曾举出三个圣人来，说："伯夷圣之清者也，伊尹圣之任者也，柳下惠圣之和者也。"人处社会，总不外此三态度。一是积极向前，负责任，领导奋斗，这就如伊尹。一是什么事都不管，躲在一旁，与人不相闻问，只求一身干净，这就如伯夷。还有一种态度，在人群中，既不像伯夷般避在一旁，也不像伊尹般积极尽向前，只是一味随和，但在随和中也不失却他自己，这就如柳下惠。以上所举"清""任""和"三项，乃是每一人处世处群所离不开的三态度。在此三种态度中，能达到一理想境界的，则都得称圣人。只有孔子，他一人可以兼做伯夷、伊尹、柳下惠三种人格，孟子称孔子为圣之时。因孔子能合此三德，随时随宜而活用，故孔子独被尊为大圣，为百世师。

现在再说伊尹。他所处时代并不理想，那时正是夏、商交替的时代，传说伊尹曾五就桀，五就汤，他一心要尧舜其君，使天下人民共享治平之乐，而他也终于成功了。伯夷当周武王得了天下，天下正庆重得太平之际，但他却不赞成周武王之所为，饿死首阳山，一尘不染，独成其清。柳下惠则在鲁国当一小官，还曾三度受黜，但他满不在乎。他虽随和处群，但也完成了他独特的人格。

在《论语》里，孔子也曾举了三个人。孔子说"殷有三仁焉"，"微子去之，箕子为之奴，比干谏而死奴"。孟子云："仁者人也。"此所谓三仁，也即是处群得其道之人，也可说其是三完人，即三个人格完整的人。当商周之际，商纣亡国了，但在朝却有三个完人，也可说他们都是理想的人，也可说他们都是圣人。此三人性格不同，遭遇也不同。我以为比干较近伊尹，大约他是一个负责向前的，不管怎样也要谏，乃至谏而死。箕子则有些像伯夷，看来没办法，自己脱身跑了，跑得很远，直跑到韩国去。微子则有些像柳下惠，他还是留在那里，忍受屈辱，近于像当一奴隶。后来周武王得天下，封他在宋国，他也就在宋国安住了。

此刻我们以《论语》《孟子》合阐，可说人之处世，大体有此三条路。此三条路则都是大道，而走此三条路的也各可为圣人，为仁者。我刚才提到的三位大文学家，屈原就有些近伊尹，忠君爱国，肯担责任，结果沉湘而死，却与比干相似。陶渊明就如伯夷，又如箕子去之。"归去来兮，田园将芜胡不归"，他就洁身而去了。杜甫就如微子，也如柳下惠。给他一小官，他也做，逢什么人可靠，他都靠。流离奔亡，什么环境都处。他不像陶渊明那般清高，也不像屈原那般忠愤积极，然而他同样也是一完人。数唐代人物，绝不会不数到杜甫。

但如上所举，这些人，尤其是"清"的"和"的，往往可以说他们多不是一个历史舞台上人物，他们在历史舞台上似乎并不曾表现出什么来。只有"任"的人，必求有表现，但亦有成功，有失败。失败的有些也不成为历史人物了。但无论如何，这些人，都是中国理想文化传统中的大人物，他们承先启后，从文化大传统来讲，各有他们不可磨灭的意义和价值。

四

我往年在耶鲁大学讲历史，主张历史必以人做中心。有一位史学教授特来和我讨论，他说我的说法固不错，历史诚然应拿人做中心，但人也得有事业表现，才够资格上历史。倘使没有事业表现，则仍不是历史上的人。他这番话，其实仍是主张历史中心在事不在人。我和他意见不同，却也表示出双方文化观念之不同。

在西方人看来，一个哲学家，必因其在哲学上有表现。一位宗教家，必因其在宗教上有表现。一位艺术家，则必在艺术上有表现。一位科学家，则必在科学上有表现。在事业表现上有他一份，才在历史记载上也有他一份。若生前无事业表现，这人如何能参加进历史？然而在中国人观念中，往往有并无事业表现而其人实是十分重要的。即如孔子门下，冉有、子路的军事财政，宰我、子贡的言语外交，子游、子夏的文学著作，都在外面有表现，但孔门弟子中更高的是颜渊、闵子骞、冉伯牛、仲弓，称为德行，列孔门四科之首，而实际却反像无表现。

今且问无表现的人物其意义在哪里？价值又在哪里呢？此一问题深值探讨。儒家思想正侧重在这一边。试读中国历史，无表现的人物所占篇幅也极多。即如司马迁《史记》七十列传第一篇便是伯夷叔齐，此两人并无事业表现。太史公独挑此两人为传之第一篇，正因他认为这类人在历史上有大意义、大价值与大贡献。又如读陈寿《三国志》，曹操、诸葛亮、孙权、周瑜、鲁肃、司马懿人物甚多,后人却说三国人物必以管宁为首。管宁独无事业表现,他从中国远避去辽东,曹操特地请他回来,他回来了,也没干什么事,何以独被认为三国时代的第一人物呢?

中国历史上所载人物,像伯夷、管宁般无所表现的历代都有,而且都极为后人所重视,正因认为他们在历史上各有他们莫大的意义与价值之贡献。我不是说人不应有表现,人是应该有所表现,但人的意义和价值却不尽在其外面的表现上。倘使他没有表现,也会仍不失其意义与价值之所在。那些无表现的人,若必说他们有表现,则也只表现于他们内在的心情与德性上。中国古人说三不朽,立德为上,立功立言次之,功与言必表现在外,立德则尽可无表现,尽可只表现于其内在之心情与德性上。

历史事变,如水流之波浪,此起彼伏,但仅浮现在水流之上层。而文化大传统则自有一定趋向,这是大流之本身。文化大流之本身就是我们人,人是大流本身,而沉在下层。人事如波浪,浮在上面。风一吹,波浪作了。风一停,波浪息了。而大流本身则依然。正因中国文化传统看重此本身,所以到今天,中国历史传统仍还没有断。商亡有周。周亡有秦汉。秦汉亡了有唐宋,有元明清以至现在。历史命脉显然只靠人。政治可以腐败,财富可以困竭,军队武力可以崩溃不可挽救,最后靠什么来维持国家与民族?就因为有人。从中国历史上看,不论治乱兴亡,不断地有一批批人永远在维持着这道,这便是中国历史精神。

西方人只看重人在外面的表现，没有注重到它内在的意义与价值。如看埃及、看巴比伦、看希腊、看罗马，乃至看近代欧洲，他们所表现在外的尽辉煌，尽壮阔，但似乎都未免看重了外面而忽略了人本身的内在意义与价值，因此不免太偏重讲物质，讲事业。但物质备人运用，事业由人干济，而人则自有人的内容和意义。

即就语言文字论，西方人在此方面亦重外面分别，而没有把握其在内之共同点。因此他们有少数人（man），多数人（men），有男人（men）、有女人（women），却没有一共同的人字。又把人分成国别，如中国人（Chinese），日本人（Japanese），英国人（English），美国人（American），如此脱口而出，却忽略了他们同样是个人。用中国语言文字说来，如男人、女人、大人、小人、黄人、白人、黑人、红人、中国人、日本人、英国人、美国人、亚洲人、欧洲人，总之一视同仁，都是人。这是中国文化中最伟大的第一点，可惜是被人忽略了。

话虽如此，中国人却又在人里面分类分等级。由西方人讲来，人在法律之下是平等的，但在中国传统文化观念之下，虽同样是人，却尽有其不平等。因此有好人，有坏人，有善人，有恶人。有大人，有小人。有贤人，有圣人。中国人骂人不是人，说"你这样算不得是人"。今且试问，人又怎样不算人？从生物学上讲，五官四肢齐全便是人。从西方法律上讲，人同等有权利和地位，谁也取消不了谁。从西方宗教上讲，人又都是上帝的儿子。但中国人对这个"人"字却另有一套特别定义。人家尽加分别，中国人不加以分别。人家尽不加以分别，中国人独加以分别。此处实寓有甚深意义，值得我们注意和研究。

五

现在我将讲到中国文化中一最伟大所在，仍从历史讲起。如上面讲到商朝末年，以及三国时代，或者像我们今天，这都算是十分衰乱之世，但无论如何，人则总可以成一人。不问任何环境，任何条件，人则都可各自完成为一人，即完成其为一个有意义、有价值、合理想、合标准的人。换言之，人各可为一君子，不论在任何环境条件下，都可以为一君子。有人砍了我头，我死了，但我可仍不失为一君子。或有人囚我为奴，但我也得仍为一君子。我或见机而作，脱身远扬，逃避到外国去，也仍得成为一君子。

今天的中国人，一心都想去美国，若我们能抱有中国文化传统，像箕子去韩国，管宁去辽东，朱舜水去日本，多有几个中国人去美国岂不好？所惜的只是目前的中国人一到美国，便不想再做中国人。或者他没有去美国，也早已存心不想做中国人。好像做一中国人，无价值意义可言。这种想法，也无非从外面环境条件做衡量。

我并不提倡狭义的国家民族观念，说生在中国土，死为中国鬼，我定该做一中国人。上面讲过，中国人讲"人"字，本来另有意义。在中国传统文化之下，任何人在任何环境、任何条件下,都可堂堂地做个人,本无中国、美国之分别。而且做人,可以每天有进步。若一个人能生活得每天有进步,岂不是一个最快乐的人生吗?而且纵说每天有进步,进步无止境,又是当下即是,即此刻便可是一完人。只在当下,可以完成我最高的理想,最完美的人格,而不必等待到以后,自然也不必等待死后升到上帝的天国,才算是究竟。就在这世间、这家庭、这社会里,我当下便可成一完人,而又可苟日新,日日新,又日新,日新其德,作新民,在其内心自觉上,有日进无已之快乐。一步步地向前,同时即是一步步地完成,这样的人生,岂不是最标准、最理想、最有意义、最有价值吗?

孔子说:贤哉回也,吾见其进,未见其止。颜渊正是一天天在那里往前进,没见他停下来。颜子同门冉有,他是那时一位大财政家,多艺多能,很了不起。然他内在人格方面却没有能像颜渊般一步步地向前。若仅就表现在外的看,似乎颜渊不如冉有。但从蕴藏在内处的看,则冉有远逊于颜子。这一意见,在中国一向早成定论,更无可疑的。

因此今天我们要来提倡中国文化,莫如各自努力先学做人,做一理想的中国人。若真要如此,必然得研究中国历史,看历史上的中国古人是如何样生活。这一番研究,仍该把我们各人自己的当前做人做中心。旋乾转坤,也只在我内心当下这一念。君子无入而不自得,可以苟日新,日日新,又日新,有进无止。而且匹夫匹妇之愚,也同样可以如此修行而获得其完成。中国这一套人生哲学,可以不需任何宗教信仰而当下有其无上的鼓励和满足。只可惜我在这里只能揭示此大纲，不及深阐其义蕴。但这是中国文化传统精义所在，其实是人人易知，不烦详说的。

今试问，如此一套的哲学，若我们真要履行实践，在我们今天这社会上，和我们所要努力的事业上，有什么妨碍呢？我想这显然没有丝毫的妨碍。不论我们要做的是大事或小事，乃至处任何社会，在任何环境与条件之下，上面一套哲学，总之不会给予我们以妨碍，而只给予我们以成功。我们纵使信仰了任何宗教，亦不会与此有冲突。它是一个最真实最积极的人生哲理，而又简单明白，人人可以了解，可以践行。

我们今天总喜欢讲西洋观念，像说"进步"，试问如我上述中国儒家那一套"日新其德"的理论，不也是进步吗？又如说"创造"，那么在我们传统文化里，也曾创造出如我上举伊尹、伯夷、柳下惠、屈原、陶潜、杜甫等数不清的人物了。在今天我也可以日新其德，自求进步，终于创造出一个理想的我来。说"自由"，这是最自由的，试问做任何事，有比我自己要做一个理想我这一事那样的自由吗？说"平等"，这又是最平等的，人人在此一套理论下，谁也可以自由各自做一个人，而做到最理想的境地。说"博爱"，这道理又可说是最博爱的。人人有份，不好吗？此所谓苟日新，日日新，又日新，作新民，从各自的修身做起点，而终极境界则达于天下平，使人人各得其所，还不算是博爱之至吗？

可惜我们这一套哲学，向来西洋人不讲，所以我们也不自信，不肯讲。西方人的贡献，究竟在向外方面多了些。开物成务是向外的，他们的宗教、法律、文艺、哲学等等成就，主要精神都向外。正因其向外，一旦在外面遭逢阻碍挫折，便会感到无法。而中国传统文化则重向内，中国社会可以不要宗教法律而维持其和平与安定。中国人生哲理可以不论治乱兴衰而仍然各有以自全。在历史上，不断有走上衰运的时期，像是天下黑暗，光明不见了，但还是一样有人，一样有完人。凭这一点，中国文化能维持到今天，中国民族及其国家亦能维持到今天。我们在今天要来认识中国文化，提倡中国文化，则莫如各人都从这方面下功夫。困难吗？实在是丝毫也不困难。

我这十几年来，到台湾，始知有一吴凤；到美国，始知有一丁龙。吴凤如伊尹，丁龙则如柳下惠。吴凤、丁龙都是中国人，是在中国传统文化中陶铸出来的人。他们在历史上似乎没有地位，没有表现，但使我们今天又出一个太史公来写新《史记》，定会有一段篇幅留与吴凤与丁龙。诸位当知，中国社会、中国文化，乃至中国民族与中国历史，就在像吴凤、丁龙那样做人的精神上建立而维持。我们只深信得这一层，可以救自己，可以救别人，可以救国家与民族。中国的文化传统可以长辉永耀在天地间。这是我今天讲这题目主要的大义。

附录二　从东西历史看盛衰兴亡

一

今晚的讲题，是上次讲完后由张先生提出，要我讲"从历史上来看中国的盛衰兴亡"。我今略事扩大，改为"从东西历史来看盛衰兴亡"。大义承续前讲，只是所从言之角度不同而已。

我改从东西双方历史来讲的原因，因我幼时有一事常记心头，到今已快六十年。那时我在小学爱看小说，一日，正看《三国演义》，一位先生见了，对我说："这书不用看，一开头就错。所谓天下合久必分，分久必合，一治一乱，这许多话根本错误，在我们中国历史不合理的演进下才有这现象。像近代西方英法诸国，治了就不会乱，合了就不会分。"当时那位先生这番话深印我心头，到今不忘。那时我还不满十岁，但今天由我眼看到西方国家像英法，也走上衰运。不仅如此，我们读西方历史，常见他们的国家和民族往往衰了即不再盛，亡了就不再兴，像巴比伦、埃及、希腊、罗马都是显例。所以西方人讲历史，没有像我们中国人所想的天运循环观念。要说一治一乱，亡了再兴，衰了复盛，西方人似乎没有这信心。但中国历史明明如此，亡了会再兴，衰了会复盛，其间究是什么一番道理，值得我们研究。下面所讲，或许是我一时幻想，但不妨提出，供大家讨论。

我上次讲，中国文化是内倾的，西方文化是外倾的。西方文化精神总倾向于求在外表现，这种表现主要在物质形象上。这可说是文化精神之物质形象化。其长处在具体、凝定、屹立长在，有一种强固性，也有一种感染性。一具体形象矗立在前，使人见了，不由得不受它感染，因此这一种文化力量相当大。

但亦有缺点。既成了一形象，又表现在物质上，成形便不容易再改。换言之，不是继续存在，即是趋向毁灭。而且物质形象固由人创造，但创造出来后，却明明摆在人外边，它是独立自存了。它虽由人创造，但没有给人一种亲切感。它和人，显成为两体的存在，而且近乎是敌体的存在。而且物质形象化有其极限，发展到某一高度，使人无可再致力，它对我们乃发生一种顽强的意态，使人发生一种被压迫、被征服的感觉，而那种感觉又是不亲切的。因此物质形象之产出，固由于人的内心生机与灵性展现，但到后来，它可以压迫人，使人灵性窒塞，生机停滞。因此文化之物质形象化，到达一限度，衰象便随之而起，而且也不容易再盛。

埃及的金字塔，便是文化物质形象化之一个具体好例。今天我们去埃及，面对此巨型体制，无不感其伟大。从其伟大，可以引生出我们对自身之渺小感。纵使今天人类科学远迈前古，但面对此成形巨制，也感到无可措力，无可改进。金字塔的建造，本也是由小而大逐步进展的。但最后到达一限度，它定了型，好像超然独立于人类智慧与力量之外而自存自在。埃及古文化衰亡了，但此金字塔则屹然常在，脱离了它所由生的文化而独立。

又如欧洲中古时期的许多教堂，鬼斧神工，宏丽瑰伟，也都到达了定型化，无法再进了。可见任何物质形象之伟大，必有一限度。一方面是人类文化进展而始能到达此限度。人类当时的文化精神就表现在此伟大上。但当时人类文化之无可再进，也表现在此限度上。所以物质形象化到达一限度，即回头来压迫人，要人自认渺小，自承无能，而人的灵性也因此窒塞，生机也因此停滞了。在耶教初期，以至在罗马地下活动时，我们不能不认耶教有其不可估量的生命力。但到中古时期，各地大教堂兴起，不论教徒、非教徒，只要一番瞻仰，敬心油然而生。而耶教的新生命、新精神，也不能不说在向着下坡路而逐渐萎缩了。

今天跑进欧美各地的大博物馆，收藏的尽是些巴比伦、埃及、希腊、罗马，乃至中古时期的各项遗物，要瞻仰研究他们的古文化，多半要凭借这些遗物。这说明了他们的文化，正表现寄存在这些遗物上。若舍弃了那些遗物来直接观察今天的巴比伦、埃及、希腊、罗马，试问他们的文化在哪里？所以说他们的文化，偏向于物质形象化，精神外倾，衰了不复盛，亡了不再兴。

二

且离开西方的古代和中古，来看他们几个现代国家吧。我认为现代西方文化，仍然不脱其外倾性而走了物质形象化之老传统。姑举他们几个大国的首都来讲。这些首都建设，正也是他们文化精神外倾及其走向物质形象化的一种具体例证。

如去英国伦敦，总要瞻仰西敏寺、白金汉王宫和国会。三建筑近在一区，就其历史演变言，实从一个而演化成三个。中古时期的宗教神权，下及近代国家的专制王权，再进到现代的立宪民权，不到一千年来英国全部历史上三个阶段的演进，都保留在那里。他们的历史文化精神，正可一瞻仰伦敦这一区的三大建筑而具体获得一影像。而由一个展演出三个，又是三个共存在一块，从这里，我们可以进一步来看英国的国民性，是最现实的，又是最保守的，所以又最长于适应与调和。因其重视现实，一切过去现实都舍不得丢，要保守，而又要与当前现实适应调和。他们的现实主义，由一面保守一面适应调和来完成。因此产出他们一种无理想而灰色的所谓经验主义。但这一种灰色，经过历史的长期累积，终于不得不变质。由淡灰色变成深灰色，再变，便慢慢地成为黑色，暗淡无光了。历史积累，遂成为英国人一种负担与束缚。

英国人凭借他们那一套重现实、重保守、重适应调和的经验哲学而创出他们一段光辉的历史。但历史要再向前，而保守有限度，从西敏寺到白金汉宫，到国会，极相异的全保留，而且像是调和成为一体了，全部历史文化精神都从物质形象化中具体客观地放在那里。不论是英国人、非英国人，来此一瞻仰，无不肃然起敬，觉得它了不得。困难的，是物质形象已定了型，极难追随此下新历史之无穷演变而前进。若要划地改造，则是另一回事。所以物质形象化，终于要使人精神被困惑住，新生命不易再发展。

再看法国巴黎，从凡尔赛宫过渡到拿破仑的凯旋门，成为巴黎市容的中心。广大的马路，会合向此凯旋门而八面开展。体制定了，便苦于无法变。由拿破仑凯旋门推扩到拿破仑墓，不论法国人、非法国人，一到巴黎，就会联想到拿破仑。巴黎市的建筑，就表现出法国的国民性主要乃是一种个人崇拜的英雄主义。由拿破仑而造成巴黎市。法国历史光荣，在巴黎市容上表现。到今天，拿破仑阴魂不散，还控制着法国。如戴高乐，何尝不是受着拿破仑影响而想恢复法国已往的历史光荣呢？但这也是一种文化外倾物质形象化到达了某阶段，而回头来压迫征服人，使人限制在此一形象上，不能再有新生机，新开展。除非革命，把巴黎市容整个破坏，重新做起。然而此一破坏，亦不易忍受。

英国人讲保守，法国人讲革命，都有他们一段光辉历史，都物质形象化在他们的首都建设上，正可使我们来推测他们国运之将来。个人英雄主义、经验保守主义皆不适于新历史之不断向前，因此在今天而谈英法两国之前途展望，皆不免于黯淡，不使人兴奋。

再看意大利，它是一新兴国家，立国远在英法之后。然而一到罗马，首先看到许多古代罗马的遗迹，其次便是梵蒂冈教皇宫廷，以及代表文艺复兴一段最光辉历史的最伟大的教堂建筑。这些在意大利人精神上、心灵上是会有一种压迫感的。伦敦、巴黎，是英、法人的自身表现，罗马则是一种先在表现。这些先在表现压迫着，便不易再起来一个新兴的罗马。墨索里尼法西斯政权，梦想要把古罗马的阴魂来放进这个新兴国家里面去，昙花一现，当然要失败。所以意大利的新生机不易成长。只看文艺复兴那一时期的表现，意大利人的聪明智慧，断不差于英法人，正因为在其境内的物质形象化已到达了某阶段，遂使这一块疆土内生机衰落，停滞不前了。

英、法、意以外，要讲到德国。德国同是一个新兴国。但意大利有历史担负，远古西方文化之物质形象，重重地累积压迫在它身上。德国比较是平地拔起，柏林是一新兴城市，又在第二次世界大战后整个毁灭了，此刻正在新兴。在德国，物质形象化方面似乎还没发展出一定型来，因此他的向前的生命力，似乎也比较旺盛。

现再综述上面所讲，我认为西方文化总会在外面客观化，在外在的物质上表现出它的精神来。因此一定会具体形象化，看得见，摸得着，既具体，又固定，有目共睹，不由不承认它的伟大有力量。这一种文化，固然值得欣赏，但它会外在于人而独立。我们游历到埃及，埃及古国早已灭亡，但金字塔依然屹立。欧洲中古时期各地的大教堂也如此，似乎在此以前的耶教精神都由它接受过来而作为唯一真实的代表似的。此后的耶教心灵，却不免为此等伟大而宏丽的教堂建筑所拘束，所范围。换言之，从前耶教精神，多表现在人物及其信仰上。此下耶教精神，则物质形象化了，人物和信仰，不能超过那些庄严伟大的物质建设。英、法各有一段光荣历史，亦都表现在伦敦、巴黎两都市之物质形象里去了。游伦敦如读英国史，游巴黎如读法国史，至少其历史上之精彩部分揭然提示在眼前。

然而，文化精神表现在物质上而定型了，便不能追随历史而前进。起先是心灵创出了物质形象，继之是物质形象窒塞了心灵生机。前代之物质造型，已臻于外在独立之阶段，与后起之新生机有冲突性，旧定型吞灭了新生机，而此国家民族，乃终于要走上衰运。而且一衰就不易复盛。

再论国家体制，它们也多定了型，所以近代欧洲极难有统一之望。我们由此推想古代希腊各城邦，始终不能统一而卒为马其顿所并，希腊灿烂文化，亦终告熄灭，此非偶然。若要在定型后更求发展，则如古代罗马及近代欧洲走上帝国主义而向外征服，这是唯一可能的路线。但帝国主义违背历史进程，到后仍只有以悲剧收场。故国家定了型，是除非革命，重新改造，否则摆脱不了以前的旧传统。

三

现在代表西方文化的应轮到美国。美国又是一个新兴国，其年代比较浅。从历史来看美国，应可分四阶段。我们也不必定读美国史，只到美国各地游历一番，便可明白一大概。因美国不脱西方文化范围，一切也是外在形象化的。如到康桥，到新港，哈佛、耶鲁几个大学所在地，尚可约略想象英国人最先移民来此，他们的社会村落、人情生态一个简单轮廓来。其次看美国首都华盛顿，市区计划模仿巴黎，可是和巴黎不同。巴黎充满着个人英雄崇拜、帝国主义的色彩。华盛顿的市区形象显然是平民化，是民主的。市区中心是国会，向四面展开。而总统白宫则并不占重要地位。当时美国建国那种素朴的民主作风，一游华盛顿，还可想象到。接着是美国的西部发展，这犹如中国历史上有南向发展一样，造成中美两国泱泱大国之风者在此。此下，就发展出一个极端繁荣的自由资本主义的社会，纽约市作为其代表。纽约市容，亦可谓是近代西方文化到达了一个登峰造极的阶段，这是人类一奇迹，乃是现代西方文化物质形象化之一奇迹。这当然是近代科学工商文明一项得意的杰作。

华盛顿市代表旧美国素朴的，涵带农村意味的平等民主精神。纽约市代表新美国豪华的高生活的，沉浸于物质享受的自由资本主义精神。这两个中心，到今天，不见有大冲突，这诚然是美国国运之深厚处。但光看它政治、经济，不看哈佛、耶鲁这许多学校，及其各地乡村和教堂的情形，单看它东部十三州，不看它西部发展，等于在中国只看黄河流域，不到长江流域去，同样不易了解美国。因此到今为止，我们还难看出美国的将来。可是我们可以想象，美国实际上大部分由英国移民，虽然两国国民性有不同，但美国几百年来的历史演变，由移民到独立，而西部发展，而到现今高度的自由资本主义社会，由于基督教与民主政治与自由资本之三位一体而结成为一新美国，他们能兼容并包在一体之下，而亦仍然是物质形象化了，这一点，还是保有很多英国色彩。换言之，美国社会也是一个无理想的，现实经验主义的，到今天只有三百多年历史，再往下，历史积累慢慢加厚，将仍不免由浅灰色变深灰色。他们亦已在全盛中潜伏衰象。

我们很难想象如纽约，仍然继长增高，更有何种新花样出现。不仅如此，即现状也难有长久维持之可能。今天纽约的飞机场，任何一架飞机不能按照定时起落。天空的没有降，地上的不能升。任何一辆车，不能定时进出。首尾衔接的大批车子排长龙蜿蜒着，亦壮观，亦麻烦。车子进了市，要找一停车处，又极难。本由最科学的发展出纽约，现在的纽约却变成为不科学。最不能遵守时间的是纽约，交通最困难的是纽约。若我们超然置身在纽约市之外，纽约大值欣赏。但一旦进入其内，容身纽约市中，则纽约市实已是外在独立于人生活之外，它不断会来束缚压迫人。总而言之，纽约市之出现，亦证明了我所说外倾文化之一切外在客观化，物质形象化，而已到达了一限度，没法再进展。

再看全美国的公路网，亦是一伟大壮观。有些是八道平行，四往四来，又且上下架叠，终日夜车辆飞驰，但全国也好像被许多绳束紧紧捆扎了。几乎尽人可有一辆车，最少一家有一辆，可以直达各家门。但你在家想买一包香烟，也得驾车去。一出大门就是公路，两方车子对开，道路交通之发达，剥夺了人在路上之散步自由。周末和星期，有着半天一天闲，除非关门在家困坐，否则只有开车出门奔驰。若星五星一有假期，连得三天闲，就会举国若狂，披阅明天报纸，准见因车祸死亡的统计数字。平地上的公路网，亦如大都市中的摩天大厦，同可在外面欣赏它，跑进去了，便见困缚与压迫。

在美国，黑人是一大问题。个性伸展与群体紧缩相冲突，如大都市集中，如公路网之捆缚，都会使个人自由窒息，也是一大问题。现状的美国，显然有种种隐忧。而其一往直前，趋向定型化，愈定型，将使各种隐忧愈曝着，愈难得圆通的解决。

以上讲西方文化都带有一种外倾性，物质形象化之逐步进展，一定会到达一限度，前面便苦无路，人的精神到时就衰下。一衰下，就没有办法。这些都从最简单处讲，既不是讲哲学，也不是讲历史，只是些亲眼目睹的情形，也说不上是创见。西方学者从经济发展来讨论文化盛衰的，如斯宾格勒《西方的没落》一书，也认为大都市集中到某一限度，就转向衰运。古代的罗马、近代的美国纽约就有其相似处。进一步，乃有马克思的唯物哲学与其历史必然论。马克思也是西方人，他对西方历史进展不能谓无所见。固然西方全部历史不能如马克思那样简单武断，但其有所见处，也不该全抹杀。

至于我们东方人说历史，如"天运循环""暑往寒来"，这一理论，西方人是不易接受的。但即拿人的生命来讲，生命走入物质中，从生物学讲，每一种生物，发展都有一最高限度。到人类形体，几乎是再难演进了。人又不能不死，起初是生命依赖物质而表现，生机在物质中，但物质限制着生机，物质变化，生机坏了，生命亦跟着坏。任何生命不得不依赖物质。有物质就有死亡，生命只有转向新物质体中去求再生。这是一个很粗浅的譬喻，但在这譬喻中，实可把东西文化历史联挽在一起来做说明。下面我将转说到东方。

四

讲到中国历史的发展，似乎没有一定型，至少是不倾向某一定型而发展。亦可说，它没有一个客观、外在、具体而固定的物质形象可作为其历史文化的象征。因此，中国文化流转像是新陈代谢生机活泼。

姑举历代首都为例，远从商朝有沬邑，这一首都也有几百年历史，并相当富庶与繁荣。接着是西周镐京，也是几百年。秦代咸阳，体制更大。西汉长安，东汉洛阳，南朝金陵，北朝新洛阳，隋唐两朝的两京，北宋汴京，南宋临安，辽金元明清的燕京北京，各朝代各首都的物质建设，都极伟大壮丽。读《洛阳伽蓝记》《长安巷坊志》等书，可见一斑。西方学人对此甚感兴趣，只要有物质具体证据，如殷墟地下发掘，如最近长安古城遗迹发掘，以及其他古器物，他们都认为是那时文化水平的无上证明。但在我们，历代首都，一个接一个地毁灭，在今天去游洛阳长安，真有铜驼荆棘，黍离麦秀之感。俯仰之间，高天厚地，一片苍凉，文物建设荡焉无存。但国脉不伤，整个文化传统依然存在。雅典毁灭了便没有希腊，罗马城毁灭了便没有罗马，今天的伦敦巴黎不存在了，英法又如何，这就很难想象。这是东西双方历史文化一相异点，值得我们注意。

再讲整个的国家体制，在中国亦可谓未有一定型。从远古起，夏、商、周三代一路下来，大体言之，永是一中国。实际上，中国疆域是在慢慢地扩大而始有今天的。西方又不然，英国就是一英国，法国就是一法国。定了型，再向外，便成为帝国主义。到今天，在欧洲有罗马，有巴黎，有伦敦，有柏林，有英、法、德、意诸国，国家虽小，历史虽短，都像已成了形。即他们讲学问，分门别类，有组织、有系统，总爱把来定一型。不仅自然科学如此，人文科学也如此。在中国，一门学问划分得太清楚，太定型了，反而看不起。这好像中国人头脑不科学，然而这里面长短得失很难言。这一层暂不讲。

要之，拿今天的西方各国来回想从前希腊各城邦，我们可以说，希腊即是今天西欧的缩影，今天西欧之不易统一是可以想象的。但在中国，从春秋到战国，以至秦代统一，其间楚国、燕国各历八百年。齐国只统治者换了姓，实也有八百年。韩、赵、魏三晋都有三百年。宋、卫诸邦都有八百年。当时历史最短的国家如今美国，长的如今英法。何以秦始皇能一举把天下统一，而且此后就不再分裂。若把西方历史作比，这就很难讲。我只说：中国国家发展无定型，疆土可大可小，可分可合，立国的主要精神不在此。一个国家当然有一首都，首都当然有其物质建设，然而此非立国精神所在。破坏了，也并不伤害国家的命脉。历史文化生命可以依然还在。从我们的历史看，这是很清楚的。但西方显然不同。以上只讲历史现象，双方不同处已显见。

因此我们可以说，中国并非没有物质建造，物质建造则必然形象化，但与中国文化大统没有甚深之勾连。即是说，中国文化命脉，不表现在这些上，也不依托在这些上。其存其毁，与中国文化大统无甚深之影响。即如今天的北平故宫，三大殿、天坛、北海、中南海、颐和园等建筑都还存在，西方人每好凭此来欣赏中国文化，但中国人心中，则另有一套想法。孙中山先生建都南京，中国人都想新中国复兴了。在极平常的心理反映上，可知必有一番道理可资阐说。

五

今且问中国文化命脉，与其传统精神究表现寄放在哪里？上面说过，西方文化是外倾的，中国文化是内倾的，外倾的便在物质形象上表现，内倾的又在何处表现呢？《易经》上有句话说："形而上者谓之道，形而下者谓之器。"器即属于物质形象，形而下是说成形以后，客观具体看得见。我上面讲都市建筑，也可说其都属器。形而上是在成形以前，这叫作道。器可见，而任何器之形成，则必有一本源所在，那是道。开物成务属器，在开物成务之上还有其不可见之道。因此《易经》上把开物成务都归属于圣人。圣人便是有道者，当知宫室衣冠一切文物都从道而来。但这是中国人观念。

今且问，埃及金字塔其道何在？可知西方人所震惊、重视者即在器。中国人必从器求道，苟其无道，斯器不足贵。希腊人雕刻一人像，极尽曲线之美，那亦是物质形象。中国人画一人，重其气韵，注意在其眸子，在其颊上三毫。这些处，都可见东西方人实在所重有不同。中国古代传下的礼乐器，乃至一切瓷器、丝织品等，专从器方面讲，也都极精妙。但这里更应注意者，在中国一切物中所包含的关于人生意义的分数却多过于物质意义的分数。因此中国人又要说"技而进乎道"，这是中国的艺术精神，在中国艺术之背后也必有一个道的存在。

中国人并不想科学只是科学，艺术只是艺术，宗教只是宗教，可以各自独立。却要在科学、艺术、宗教之背后寻出一道来，此即艺术、科学、宗教之共同相通处。器有成坏，旧的不坏，新的不成。这一所房子不拆，不能在此再造一所新房子。房子里的旧陈设不拿走，新陈设就摆不进。一所房子造成即已定了型，建造工程也从此终止，不能在这所房子上再造。所以西方人要讲革命，把旧的拆了造新的。中国历史上有汤武革命，但意义甚不同。中国人认为道有隐显，有消长。道显固然是存在，道隐还仍是存在。如说"君子道长，小人道消"或"小人道长，君子道消"。消即隐了，但不就是毁灭，可毁灭的即非道。中国人讲道，即表现在人身上、人群中，所以说"道不远人"，"道不离人"。中国人所讲道，主要是人道，即人之道，因此说中国文化是人本位的。中国人所谓人，包括个人与大群，既非个人主义，亦非集体主义。道则存在于各人，存在于社会，存在于天下，存在于历史传统里。子贡说："文武之道，未坠于地，在人；贤者识其大者，不贤者识其小者，莫不有文武之道焉。"可见道表现寄托在人。只要人存在，道就不会坠地而尽。

孟子也说过："待文王而后兴者，凡民也。若夫豪杰之士，虽无文王犹兴。"乱世不会无好人。世界不理想，人仍可以有理想。世界乱，人自己还可治，至少是治在他的心。道消而隐，举世陷于衰乱，但道仍可以在人。人兴，即道兴之机缘。道兴则历史时代可以复兴，而文王之世亦再见了。故说："道不行，卷而藏之"，"达则兼善天下，穷则独善其身"。道与善，在我心里，在我身上。因此说"文王既没，文不在兹乎？"

我上次讲中国人所谓道即是文化，即是文化中之有价值意义者。中国文化之内倾性，正在其把文化传统精神表现寄托在各个人之身与心，乃以各个人为中心出发点，由此推去，到人皆可以为尧舜，到各自身修而家齐国治而天下平。乃以天下平与世界大同为道之极限，到此极限，道仍可有隐显消长，但道则仍在，故历史文化可以不断有再兴与复盛。

刚才讲过，外倾文化总要拿我们的聪明、智慧、技能、才力一切表现到外面具体物质上去。譬如今天美国人要送人上月球，可能十年八年真见此事。自然要整个文化配合，各方面条件够，才能送人上月球。这是今天西方文化一大表现。我并不抹杀此种文化之力量与价值。但人上月球又怎样，能不能再上太阳去？一方面在上月球，一方面却共产主义、资本主义永远对立，种种不合理的人生还存在。当前人类各项问题仍不得解决。

西方人遇要解决问题，或表现其文化伟大，每好从远大艰难处，人所难能而己所独能处着意用力。如古埃及人造金字塔，英国人自夸其国旗无日落，及最近美国人之要争先送人上月球皆是。中国人又不然。遇要解决问题及表现其文化伟力，只从日常亲切处，细微轻易处，人所共能处下手。我上讲提到"君子无入而不自得"，虽遇无道之世，个人仍可自求有得，其所得乃在道。行道有得，得于己之谓德。德在己，别人拿不去，因此纵在大乱世，个人修德，亦可以避艰险，渡难关。国家大事也如此，如孟子告滕、告邹，如宋儒告其君，都只从正心、诚意、敬天、修德处求。

中国人又说："士可杀，不可辱。""三军可以夺帅，匹夫不可以夺志。"原子弹、氢气弹可以屈服强敌，夷灭人之国家，今天美苏互怕，都只怕在此。但每人有其内心决定，有每一人之德操与人格修养，虽不表现在外，看不见，却为外力所无奈何。中国人又说："德不孤，必有邻。"这一细微看不见处，却可影响别人。"十室之邑，必有忠信如丘者焉。""君子之德风，小人之德草，草上之风必偃。"一君子有德，慢慢地可以影响后世千万人，使次第尽变为君子。但小人则无法影响到君子，君子则必不为小人所影响。因此一人之德可以变成一时代的气运，气运转而时代就复兴了。

六

《中庸》上讲："莫见乎隐，莫显乎微。"最容易见的反在隐处，就在人之心。力量最显著的反在轻微处，就在人的一言一行。《中庸》上又说："上天之载，无声无臭。"中国人看天，好从此无声无臭处看，听不见，闻不到，然而它的力量最大，可以运转主宰一切。待具体摆出来后，那就小了，形而下的则总有限。因此中国人的文化观，其基本只在道。道存，国家存，民族存，文化就传下。道灭，那就完了。

所以顾亭林有亡国、亡天下之辨。如西周镐京毁灭了，秦之咸阳、西汉长安、东汉洛阳毁灭了，改朝易代，此之谓亡国。如何是亡天下？中国人不成为中国人，尽变成夷狄了，即是说中国人所看重的人道亡了，这叫作亡天下。明亡了，中国人的政权被满人夺去，一时大贤像顾亭林、黄梨洲，都回头注意到中国文化传统上面去。他们不是不想对国家负责任，但这责任负不起。国家体制摆在外面，大乱局面已成，一时挽回不过来。但还有隐藏在后面的，文化大传统，道之兴亡，则寄放在每一人身上，因此每一人各有一份责任。因此其文化传统与道究也不易亡，因每一人都可为转移气运扭转时代的中心。而且这一事又是最自由最坚强，谁也夺不了你的志与德。此番话，说给西方人听，会说你有点神秘性。这不错，这是中国人内倾文化的说法呀。

所以我说中国文化是个人中心的文化，是道德中心的文化，这并不是说中国人不看重物质表现，但一切物质表现都得推本归趋于道德。此所谓人本位，以个人为中心，以天下即世界人群为极量。《中庸》上又说："人存政举，人亡政息。"我在幼年时，即听人批评此说要不得。由今想来，《中庸》此语还是有道理。埃及的金字塔，人亡了，塔还在。一部罗马法，罗马亡了，法还在。中国人则更看重人，光有物质建造，光有制度法律，也无用。所以说："人能弘道，非道弘人。"要转移世运，责任仍在人身上。

中国人爱讲天运循环，又说"物极必反"。物则必有极，极是尽头处，物到尽头，自然向前无路了。人之道则没有极。人生有极是死，后浪推前浪，时代继续向前，人物随时转换，那是从生物界、自然界来看是如此。从人之修心养德处讲，人到达为完人，不是做了完人就必然得要反。而且我在第七讲又提过，人要做一完人，当下现前即可做，所谓"我欲仁，斯仁至"。但也不是一为完人便到了尽头，也还须时时不断地修与养。做人如此，世运亦然。世运转了，不是尽可恃，还有盛衰兴亡接踵而来，但不能说道极必反。因道在人为，非必反，亦非必不反。由此讲下，恐引申过远，暂不深讲吧！

现在再讲世运与人物。世运转移也可分两方面来讲。一是自然的物极必反，饥者易为食，渴者易为饮，久乱则人心思治，那是气运自然在转了。但人物盛衰有时与气运转移未必紧密相依成为并行线。有的是新朝开始，像是气运已转，然而人物未盛。如秦代统一，这是中国历史上最大一新气运，但秦始皇、李斯这些人物并不够条件。汉高祖平民革命，又是一番新气运，但汉初人物条件还是不够。待过七十年，到汉武帝时，然后人物大盛。也有些朝代气运已衰，如东汉末年，而人物未衰，还是有存在，所以到三国时还有很多像样人物。

从历史看，新朝崛起，不一定就是太平治世。而旧朝垂亡，却已有许多新人物预备在那里。如唐初新人物早在北朝末及隋代孕育。又如元代是中国史上一段黑暗时代，然而元朝末年孕育人才不少，明太祖一起便得用。明初人物之多，较之唐初无愧色，两汉宋代均不能比。明亡了，人物未衰，清人入关，那辈人物，间接直接，都影响了清初的政治。最近如"中华民国"开国，这又是中国历史上一个极大新气运的转变，然而人物准备似乎还没有齐全。实因清之末季，人物早已凋零了。到今已经过了五十二年，但西汉开国经过七十年，北宋经过一百年，才始人物蔚起，何况这五十二年中，内乱外患频仍，无怪我们这一时代，要感觉到人物异常缺乏。但气运可以陶铸人才，新气运来了，自然有新人物产生。而人物也可扭转气运，纵在大乱世，只要有人物，自可转移气运，开创出新时代。

西方人看法和我们不同，他们注重物质条件。他们总说我们是落后，这几年来台湾，说我们进步了。究竟进步在哪里？其实也只从物质条件上衡量。进一步，问言论自由吗？法律平等吗？政治民主吗？仍是从外皮形迹看。他们没有能深一层像中国人来看所谓道。西方道在上帝，在天国。权力财富则在地上，在恺撒。西方人把人生分作此两部分。现实人生则只是现实的，理想人生不在现世，在天国。希腊、罗马、希伯来是现代西方文化三源，又加进新科学，遂成为现代的西方。但这几方面，始终不能调和融合。

在孔子时，若论富强，自然鲁不如齐，齐不如晋。但孔子的评论，则鲁在齐前，齐在晋上。此后晋分为三，田氏篡齐，鲁最屡弱，但安和反较久。唐初亦有一故事：西域高昌王曾派人入贡，见隋炀帝当时物阜民丰，他觉中国了不起，奉事甚恭。隋亡，唐兴，高昌王听说中国换了朝代，再来朝，那时正经大破坏，不能和隋相比，高昌从此不再来中国。没几年，唐朝派兵把高昌国王捉到，高昌国也就亡了。那位高昌王也正是从物质形象表现在具体上的证据来看一个国家。他可谓是不知"道"，从而也不能好好保住他的国。

七

中国文化最可宝贵的，在其知重道。今再问道由何来？当然中国人一样信有天，道是人本位的，人文的，但道之大原出于天。中国人虽看重人文，但求人文与自然合一，此是中国人天人合一的理想。不过道总表现在人身。所以人可以参天地赞化育。我又听近代人常说黄金时代，其实时代不能把黄金来代表做衡量。又常说中国唐虞三代是我们理想中的黄金时代。其实中国人理想中，应该没有黄金时代这观念。中国人只说"大道之行"，孙中山先生也把此四字来想象新中国之将来。这一传统观念，我深切希望大家莫忽略。只此一端，便可使中国永存天地间。中国不亡，中国的文化传统也永不至中断。

"中国不亡"这句话，在今天讲来已是铁案不可移。这又要讲到我小孩子时的事。我为读到梁任公"中国不亡"这句话，才注意研究中国历史，要为这句话求出其肯定的答案。在我小孩时，人都说中国要亡，康有为就是这样讲，波兰、印度就是中国两面镜子，中国是快被瓜分了。到今天，我想不仅中国人，连全世界人，都不会想象到中国会亡，这句话已经不存在。但要中国复兴再盛，却不可专靠时代和运气。中国之真正复兴，到底还在我们的文化传统上，还在我们各自的人身上，在我们各人内心的自觉自信，在我们各自的立志上。我上讲每个人不论环境条件都可做一理想的完人，由此进一步，才是中国复兴再盛的时期来临了。

道有隐显，有消长。道之行亦有大小、广狭。但道则仍是道，不能说道之本身在进步。我们岂能说孔子不如孟子，孟子不如朱子阳明，朱子阳明不如现代的外国人。中国人看法，物质经济可以有进步，人之生活可以有进步，道则自始至终无所谓进步。德亦然，它可不论外在条件而完成。所谓东海有圣人，西海有圣人，此心同，此理同，不能说西海圣人定超过了东海的圣人。因此照中国文化传统讲，量的方面可以扩大到世界全人类，到世界大同而天下平。质的方面则还是这一道，道无所谓进步，因亦无所谓极限。不如形而下之器与物是有极限的。而且道，父不可以传子，孔子不能传付与伯鱼，仍要伯鱼自修自成。所以世界随时要人来创造，永远要人来创造。今天盛，明天可以衰。今天衰，明天仍可以盛。这是中国人看法，其责任则在我们每人各自的身上。这是我们想望中国再兴复盛一最要的契机。

我这两次讲演，可以推广来专讲东西艺术比较、东西文学比较、东西物质建设的比较、东西人生哲学的比较，如是以至整个东西文化的比较。而我此两讲，虽笼统，也还亲切，并不敢凭空发理论申意见，也决没有看轻近代的西方。我只想指出一点东西双方之不同处。我们固然应该接受西方的，但也希望西方人能了解东方的。如此下去，或许有一天，诚如中国人所谓大同太平时代之来临。可惜我所讲粗略，请各位指教吧！

图书在版编目（CIP）数据

中国历史精神 / 钱穆著 .-- 长沙：岳麓书社，2024.10.-- ISBN 978-7-5538-2137-5

Ⅰ . K203

中国国家版本馆 CIP 数据核字第 2024AC6142 号

ZHONGGUO LISHI JINGSHEN
中国历史精神

著　者：钱　穆
责任编辑：丁　利
监　制：秦　青
策划编辑：康晓硕
版权支持：辛　艳　张雪珂
营销编辑：柯慧萍
封面设计：利　锐
版式设计：李　洁
内文排版：谢　彬
岳麓书社出版
地址：湖南省长沙市爱民路 47 号
直销电话：0731-88804152　88885616
邮编：410006
2024 年 10 月第 1 版　2024 年 10 月第 1 次印刷
开本：875 mm × 1230 mm　1/32
印张：6
字数：127 千字
书号：ISBN 978-7-5538-2137-5
定价：39.80 元
承印：三河市百盛印装有限公司

若有质量问题，请致电质量监督电话：010-59096394
团购电话：010-59320018